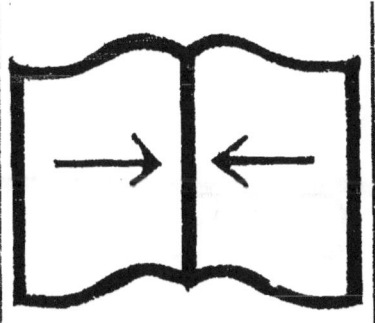

RELIURE SERREE
Absence de marges
intérieures

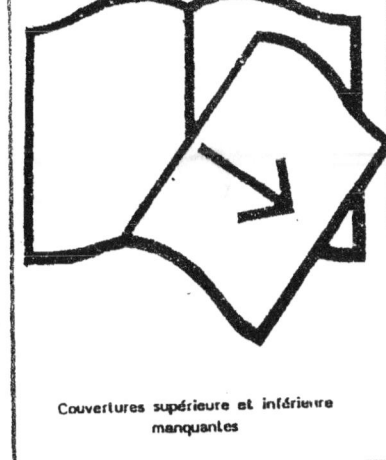

Couvertures supérieure et inférieure manquantes

VALABLE POUR TOUT OU PARTIE DU DOCUMENT REPRODUIT.

CONTES

DU

CHAT NOIR

*

EN PRÉPARATION

CONTES DU CHAT NOIR

  ** Le Printemps, 1 vol.
 *** L'Été, 1 vol.
**** L'Automne, 1 vol.

ÉVREUX, IMPRIMERIE DE CHARLES HÉRISSEY

RODOLPHE SALIS
SEIGNEUR DE CHANOIRVILLE-EN-VEXIN

Contes du Chat Noir

L'HIVER

✶

Dessins de A. Willette, Henri Rivière, Henri Pille, Henry Somm, Loÿs, Fernand Fau, Steinlein, Uzès, Heidbrinck.

PRÉFACE DE PHILIPPE GILLE

PROLOGUE DE A. WILLETTE

PARIS
A LA LIBRAIRIE ILLUSTRÉE
7, RUE DU CROISSANT, 7

PRÉFACE

J'aime mieux faire tout de suite des aveux.

Quand maître Salis m'a demandé une préface pour ses *Contes du Chat Noir*, j'ai répondu oui, et présentement je me trouve un peu embarrassé en m'apercevant que je n'ai rien à apprendre à ceux qui voudront s'informer auprès de moi. Qui ne connaît Salis? Qui ne connaît le *Chat Noir*, hôtellerie ou journal, et par conséquent un peu les *Contes* dudit Chat? Je viens de lire quinze récits des plus amusants et dont le décolleté disparaît sous le joli vêtement moyen âge, dont ils sont enveloppés; langue charmante, fluide, colorée, dont la musique se grave tout de suite dans la mémoire, à ce point que j'éprouve en ce moment toutes les peines du monde à ne pas parler le « vieil languaige » comme l'auteur, et à dire combien sont « doulces, diabolicques et joyeulses les conteries d'iceluy qu'allez lire » !

Je sens que je redeviens moyen âge et je m'arrête.

Salis, dont je ne veux pas faire la biographie (il faudrait reléguer les contes à un second volume), est bien l'homme du jour dont la personnalité marque le mieux une étape artistique parisienne; rien qu'à visiter son hôtellerie de la rue Victor-Massé, la salle de spectacle, le moindre recoin, on comprend qu'il y a là une volonté qui y régit toutes choses; est-ce celle d'un amateur de bibelots, d'un littérateur, d'un peintre, d'un musicien, d'un sculpteur? C'est de tout cela à la fois, car Salis, qui sait fort joliment écrire, a été élève de l'Ecole des Beaux-Arts, qu'il renie aujourd'hui, l'ingrat! Enfant du Poitou, le joyeulx pays, il trouva que l'atelier devait être égayé, et il l'égaya; à ce point que ses étranges mystifications terrifièrent l'ange de l'école, qui tendit un glaive flamboyant pour lui indiquer la sortie du paradis!

Seulement, l'ange se trompait; le paradis, pour Salis, ce n'était pas le dedans de l'Eden où fleurit l'arbre de l'étude, c'était le dehors où poussent les lilas, les arbres libres, où se déroulent mille chemins qui mènent partout « et surtout autre part » comme disait Odry. A l'atelier, Salis, qui avait déjà la manie de fonder, avait fondé l'*Art vibrant;* les théories de cet art-là furent, très probablement, pour quelque chose dans la décision de l'archange qui sentait passer dans les plumes de ses ailes le souffle des membres de l'Institut.

D'un bond, Salis se trouva dans les Indes; la vue des merveilleux paysages de Marilhat, les pagodes, les théories d'éléphants et de dromadaires, suivant la rive embrasée des grands fleuves, un peu de fièvre jaune, de choléra, le sourire même des bayadères, rien ne put le retenir et, en trois enjambées et quelques mois, il se retrouva à Paris; les toiles de ses goussets étaient, pour ainsi dire, collées l'une à l'autre à ce point, dit la légende, qu'il était aussi impossible d'en faire sortir une pièce de cinquante centimes que d'en faire entrer une autre.

Il essaya pourtant d'attendrir la fortune; il l'appela de sa plus douce voix; celle-ci accourut avec une boîte à couleurs, des pinceaux, un chevalet, des toiles, lui offrit un appui-main, et lui dit : « Peins-moi vite des chemins de croix! » Salis répondit : « C'est bien! » — et il peignit des chemins de croix; avec tant de succès qu'au bout de quelques semaines il avait fondé l'hôtellerie du *Chat Noir*, qui devait le porter tout près de la postérité.

Voilà, en quelques mots, la vie de l'auteur des *Contes du Chat Noir;* le Dictionnaire de Larousse donnera sur lui de plus amples renseignements, mais j'ai tenu, contrairement aux habitudes des biographes, à n'en dire que ce que je savais. Ce que je sais aussi et ce que je tiens à établir, malgré la légèreté qui convient à cette sorte de préface, c'est que Salis n'est pas seulement un hôte, un écrivain aussi charmant que dénué de prétentions, c'est que Salis a été et est pour beaucoup dans le mouvement littéraire des jeunes. Depuis le café Procope, c'est un peu dans les estaminets, puis dans les brasseries, enfin dans l'hôtellerie que se sont discutés tous les projets de révolutions artistiques... et autres hélas !

Là, mieux qu'au cercle, toujours aussi ennuyeux que coûteux; on discute, on dispute, on se fait des concessions, on s'éclaire, on s'encourage; si les phonographes pouvaient y fonctionner, que de curieuses pages on lirait ! J'avoue mon faible pour la brasserie artistique et je l'explique en disant que je crois que c'est là qu'on retrouve le plus souvent le véritable esprit français et qu'on entend ces choses consolantes qui ne franchissent pas le seuil des réunions de haute gomme.

Je le crois sincèrement, et la preuve c'est que :

Je suppose que tous les braves gens qui tirent aux jambes de la gaîté française, de ses chansons, de sa poésie, de sa littérature, de sa musique, de sa peinture et de sa sculpture, aient gagné leur procès; ils lui ont fermé la bouche et veulent lui substituer les grimaces sincères ou non de la névrose, les lourdeurs et les assoupissements des muses étrangères, croit-on que la pauvrette en serait morte pour toujours ?

En vain on aura dispersé ses « temples », comme on disait sous le Consulat, théâtres, musées, bibliothèques, etc., en vain l'herbe aura poussé sur leurs ruines, en vain le lierre, la mousse s'étendront-ils comme une lèpre sur les pierres tombées de l'Opéra, de la Comédie-Française, de l'Opéra-Comique, de l'Odéon, des théâtres de vaudeville, des moindres cafés-concerts, on n'aura rien fait tant qu'on n'aura pas changé la terre même de la France, et tant qu'il en restera grand comme l'ombre d'un homme, il suffira d'un coup de charrue pour y faire renaître à grandes gerbes le bon sens, le vin, le blé, l'esprit et les chansons. Alors, tous les ennuyeux, les doctoraux, les systématiques, les alambiqués, les très suspects amis de l'étrange et de l'étranger entendront dans la nue un immense : — Mais flanquez-nous donc la paix ! qui leur prouvera que la France est plus que jamais vivante et vivace et n'est pas faite pour héberger si longtemps de désastreux raseurs ! Raseurs, j'ai dit le mot, que Salis me le pardonne !

Je conclus, et sans comparer Salis à Béroalde de Verville, à Bonaventure Desperriers, à Rabelais, à Balzac, je le déclare un de nos charmants conteurs, et si j'étais assez infortuné pour connaître quelque critique littéraire, je me dépêcherais de le lui signaler. Car il possède ce grain de véritable gaîté sans effort, et a le rare don de laisser courir sa plume au train qu'elle veut et de lui permettre d'écrire, sans souci des petites églises ou des coteries, tout ce qui lui passe par le bec.

Prenez donc ce livre, cher lecteur, comme il vous est donné, avec une grande bonne grâce; lisez-le si vous êtes gai, plus encore si vous ne l'êtes point et ne retenez pas sur vos lèvres un sourire qui est tout ce que l'auteur ose réclamer de vous.

Philippe GILLE.

1er novembre 1888.

CONTE-PROLOGUE

Rodolphe Salis à saint Nicolas

Un jour, le Dyable prit la forme de Rodolphe Salis, et alla se promener sur la plage des Fourneaux.

Il rencontra le bon et grand saint Nicolas.
— Bonjour, Monseigneur, que Dieu soit avec vous!

— *Et cum spiritu tuo*, mon enfant, lui répondit le saint évêque qui, ayant la vue basse, ne reconnut pas l'ennemi.

— Le fond de l'air est bien chaud, reprit le Diable, ne trouvez-vous pas, Monseigneur? Un 'pot de cidre ferait bien notre affaire.

— Evidemment, mon enfant, mais il faudrait aller jusqu'à Saint-Pair pour en trouver, et puis, je ne fréquente pas les cabarets.

— Eh! eh! celui du père Leroux n'est pas si vilain; mais moi je peux en faire pousser partout, même sur cette plage aride.

. . . .

— Donnez-vous la peine de vous asseoir. Allons, voyons, Monseigneur, vous avez bien le temps et, que dyable! vous ne me voyez pas si souvent..., A votre santé!

— A la vôtre! c'est très bon, c'est étonnant. Ah vous êtes des malins, vous autres Parisiens, trop malins, trop fumistes!

— Avec ça que vous n'êtes pas fumiste aussi, saint Nicolas, vous qui entrez chez nous par les cheminées?

— Ah! oui, dans le temps, j'aimais faire beaucoup ces plaisanteries-là, mais à présent, que voulez-vous, je suis dégoûté du moderne. D'abord, il n'y a plus de cheminées : on a inventé d'affreux poêles roulants et infects; vous admettez bien qu'un évêque ne peut descendre là dedans de crainte d'asphyxie.

Ensuite, les enfants n'existent plus. On ne leur raconte plus de belles histoires où il y avait de méchants dyables et de bons et jolis anges, moi-même je suis

laissé de côté. Un enfant rougirait aujourd'hui d'accepter un polichinelle de moi. On en fait tout de suite d'affreux petits savants et des militaires insupportables.

— Permettez, saint Nicolas, je demeure 12, rue Victor Massé, à Paris; j'ai une cheminée du style Louis XIII le plus pur, j'ai une petite fille à qui sa grand'mère l'Oie raconte de belles histoires, vous serez donc bien aimable de venir chez nous et d'apporter à ma petite Sara de ces joujoux que les anges s'amusent à fabriquer dans l'ennui de l'Éternité.

— Entendu, mais quel vilain chat noir ! veux-tu bien t'en aller ?

— Il n'est pas méchant. A votre santé, Monseigneur !

J'ai aussi un ami dont vous avez dû entendre parler, Léon Bloy.

— Oui, parfaitement, j'ai entendu Dieu le Père en parler assez souvent même avec affection.

— Et de mon ami Pierrot?

— Pierrot? Ah! oui, ce gredin, ce mauvais sujet, c'est la honte de ma paroisse, monsieur; il se pocharde... il court après toutes les garces du pays...

— A votre santé!

— A ta santé, Rodolphe! tu devrais bien lui dire de retourner à Paris...

— Je le lui dirai... tu as une bien belle casquette,  on dirait une gueule de crocodile ; voyons, passe-la-moi un peu.

— Tu me la rendras?
— Ah! quelle drôle de canne! A ta santé!
— A la tienne!
— Allons, grand saint Nicolas, abonne-toi à ma

gazette, *Le Chat Noir*, où tu verras quantité de beaux dessins et si tu viens à Paris, va boire un bock au Chat Noir, 12, rue Victor Massé; moi, je retourne à Montmartre. Au revoir!

. . . .
. . . .

Et saint Nicolas resta seul endormi avec le chat noir sur les genoux. Le chat devint une petite dyablesse qui essaya d'ensorceler le saint, mais qui s'enfuit à l'arrivée des anges.

Et les anges de s'écrier :

« Saint Nicolas, qu'as-tu fait de ton auréole ? Saint Nicolas, tu as trinqué avec le Dyable ! »

WILLETTE.

I

OU IL EST PARLÉ
DU SEUL VRAY MIRACLE IDOINE A GUARIR LE MAULDICT MAL
DE STÉRILITÉ
ET DU BON SAINCT GRELUCHON QUI L'INVENTA

A Messire Philippe Gille, gonfalonier de l'Histoire quotidienne de Paris, rimeur très adextre et auteur acclamé des Théâtres lutéciens, je fais — ce qui m'est grand honneur — hommaige de ceste gaillarde histoire de sainct Greluchon — première du libvre dont il a bien voulu estre le hérault et le parrain.

I

Où il est parlé
du seul vray miracle idoine à guarir
le mauldict mal de Stérilité
et du bon Sainct Greluchon qui l'inventa.

Lorsque souffle le maulvois vent du sud qui vient d'enfer, souventesfoys advient-il que les requestes que baillons aux saincts du Paradiz voire à nostre seigneur Dieu l'aïeul, sont emportées emmy les nuages et dispersées comme billes vezées qu'enfançonnets font yssir d'un morcel de feurre.

Ainsi maulgré prières à tous les bons patrons du calendrier christian, lesquelz sont chargés de veigler chacqun sur sa journée affin que les ans poinct ne soient en maulvois ordre ; maulgré dolces oraisons à la benoiste Vierge, tour d'ivoire et bonne rose du rosier mystique, maulgré vœux aux archanges qui sont aeslés d'or, et coëffés de lumière ; maulgré chandelles de cire bruslées en l'honneur du paouvre Seigneur Jésus, maulgré neufvaines à la trèshaulte Trinité, oncques le sire Jehan de Lésigny n'avoit eu la joye

de voir grossir le joly ventre poly de sa dame Yolande et d'héritier n'avoit aulcun ainsy que jadis le vieil Abraham de son espouse Sara, laquelle avoit lairré s'endormir ses entrailles.

Aussy grandement estoit marri le paouvre gentilhomme, et en avoit-il lourds meshaings et peines, toutes nuicts qu'il passoit à la fasson blanche lorsque songeoit que ses biens, castels et domaines se departiroient de sa race pour aller enrichir ses petits cousins de Bretaigne, ses arrière-nepveux de Picardie et aultres meschants boulgres qui souhaictoient mort le venir prendre de si grand cœur que poinct n'avoient honte de le demander à la messe.

Le chief chaulve et chenu, le dos vousté comme cil d'un vieil ermite, sentant la male goutte travailler emmy ses genoils — car moult avoit-il guerroyé, et longtemps couchié sans bergière es-linceuls de terre et de verdure, il songeoit à la septantaine qui tost viendroit, et mélencholieux estoit-il plus qu'aulcun marmiteux qui vont guestant leur pasture au long des routes et chemins, car toutes femmes de Bohême ordes et noires toujours après leurs cottes traînent marmouzets nuds sortis de leurs reins, pouilleux comme Champaigne, ains roses et faictisses comme angelots du Paradiz. Et eust-il voulu estre un quelconque parmy ces claquedents, et sa blanche dame

une d'entre cestes-là qui vont monstrant leurs testons, les pieds sans pantophles dans la poudre des pays estranges.

Souventesfoys avoit-il consulté les docteurs essorcelleries et grands maistres en sciences magicques; estoit allé treuver les dames aux yeux noirs qui lisent le lendemain en leurs jeux de cartes, et disent en dormant la bonne ou maulvoise adventure, ains avoit-il esté truphé villainement de toutes parts, et s'estoit faict escornifler de l'escarcelle par toutes ces ribauldes vagabondes qui s'esbattent huy emmy le lit d'un tabellion à Pontoise et demain dans les linceulx d'un clerc à Montargis. Une nuict, même au risque de lairrer son âme aux griffes de messer dyable, il estoit allé jusque devers l'abominable sorcière de Senillé, laquelle estoit lors en si grand commerce avecques les gens de la maison de Satanas qu'on avoit à plus d'une lieue à la ronde à l'entour de son mauldict logis planté croix de bois et de pierre pour enguarder les passants et voyageurs et écarter les maléfices.

Et avoit des mains infernales de ceste dicte vieille pythonisse achapté une fiole pleine, laquelle debvoit guarir sa dame et faire fructifier son jardinet. Plus de nonante foys lui avoit faict boire ceste maulvoise drogue laquelle sembloit estre poison plustost qu'ambroisie, ains l'enflure qu'il vouloit au ventre de dame Yolande ne venoit mie, et son nombril demeuroit comme il estoit sans seulement se hausser de la hauteur d'un cheveu.

Et comme un maulvois sort la mélancholie vieille souris chaulve du païs de tristesse estoit venëue s'abattre dessus le donjon de Lésigny. Poinct n'y povoit-on ouïr bruicts de cruchons, chocs de verres, ris, ne chansons d'aulcune sorte. Les joueurs de viole en estoient bannis comme lépreux, et les bons poëtes qui chantoient les haults faicts des vieils preux du temps de Charlemaigne pourchassés ainsi que voleurs. Le sire, de ce qu'il avoit l'âme toute endolorie, estoit deveneu meschant et felon, et voluntiers se complaisoit

à mettre à mal ses paouvres vasseaux, leur baillant cravatte de chanvre pour une révérence oubliée, les envoyant compter estoilles aux branches des pommiers pour aultres menues baguenaudes et faisant

bailler le fouet durement à toutes femmes qui engendroient ainsi qu'à ceux qui les avoient engrossées, tant estoit jaloux du bonheur des aultres, et se despitoit de sa male heure. Et toujours poinct ne venoit l'enfançonnet tant désiré, sonner du cor où vous savez ne crier qu'on lui baissast le pont-levis de l'existence.

Au dessoubs du castel de Lésigny basti sur roc agu et formidablement enguarni de tours, tourelles et murailles, passoit la jolie rivière de Creuse, laquelle est moult renommée pource qu'elle est parcourue d'amont en val par des troupes de dryades murmurantes, qui cognoissent toutes vieilles ballades et complaintes

de jadis, et voluntiers pour une heure d'amourette emmy les roseaux les apprennent aux pastres et bateliers d'alentour. Et le seigneur pensoit que plus n'auroit eu sa peine si c'eust été Nil au lieu de Creuse, pource que les eaux du bon fleuve ægyptian possèdent pouvoir et puissance pour chasser la stérilité des femmes à ce que dit-on.

Or sur les bords de ceste dicte rivière vivoit un bon pescheur du nom de Lucas Cognault, lequel estoit pourvoyeur de poissons pour les cuisines du castel. Souventes foys madame Yolande qui guères n'estoit plus aagée qu'une carpillette pour ce que carpes vivent aussi longtemps que corbels, car il en estoit encore en Vienne sous le bon roy Françoys qui jà s'esbattoient au temps messer Philippe Auguste, souventesfoys dame Yolande se complaisoit à monter en sa barque, pour se pourmener au long des rives qui bellement sont enguarnies de rochers où cabriolent les chèvres et croissent flours de toutes sortes. Ainsy assise, elle lairroit dévaller au loisir de l'eau ses pensers graves et méláncholiques, escoutant les rondels d'amour que chantoit le pescheur, car avoit-il la voix si claire, dolce et caressante qu'on eust dist musique d'orgues, de rebecs et de flustes. Et parfoys sentoit en elle remuer et frissonner à l'entour de son cœur pour ce qu'elle trouvoit belle prestance à ce marmiteux, et songeoit qu'il debvoit grand advantaige y avoir à se treuver emmy ses bras plustost qu'emprès d'un vieil homme desnué d'ardeur, comme estoit monsieur son mary.

Adoncques une foys qu'ils s'en alloient parmy roseaux et nénuphars à la grande paour des demoiselles ailées et parpaillons, vecy qu'ils virent au mitan du chemin qui mène de la Roche-Posay à Lésigny deux porteurs de besaces qui menoient grande poussière dessoubs le soleil, comme s'ils eussent eu cortège d'escuyers et paiges, carrosses dorés et équipages en grand arroy.

C'estoient deux religieux bénédictins — de ceulx qui tiennent le grand et mirificque secret de fabricquer dolce et délectable liqueur avecques des plantes incogneues — lesquels s'en alloient questant de bourgs en villes, par monts et vallées pour parachever une belle ecclise qu'ils avoient entreprinse en leur moustier afin d'honorer monsieur sainct Benoist, leur capitaine et patron.

N'ayant en son village amusement aulcun, la dame se fist mener auprès d'eux, et leur ayant demandé ce que venoient faire en ses domaines, se print à la fasson coutumière des gens affligés à leur conter ce qui tant lui mettoit le deul en l'esperit. Et les moynes avecques elle de se doulouser pource que sans doute ils avoient l'âme bonne et le cœur léal.

Finalement les prya-t-elle venir en son castel pour eux rafraischir et reposer, car grandement estoient-ils fatigués de leur course.

— Madame, disoit chemin faisant, le plus jeune moyne en faisant trimballer ses pastenostres, lesquelles estoient adornées de brimbelettes benoistes et testes de mort, poinct ne faut gehaigner et plourer, tant est grande la miséricorde de Dieu. Ne se pourroit-il poinct qu'il fist miracle en vostre faveur si vous vouliez prester vostre ayde à bastir la chapelle du bon sainct Benoist son serviteur fidèle ? Je cuyde fort qu'il vous baillera on songe quelque bon conseil pour contenter vostre mary qui s'en va de langueur et désespérance ?

— Ah ! ma bonne et fervente dame, escoutez-nous, reprint le plus vieil, et poinct n'en aurez le repentir bouté dans l'âme, car mon compaignon frère Pancrace que vecy, lequel porte jour et nuict dessoubs sa chemise une touffe de la barbe vénérée de sainct Greluchon qui guérissoit la stérilité, vous apprendra comment par simple attouchement se peut chasser

ceste male et cruelle maladie et vous dira l'oraison qu'il faut sçavoir pour complaire à ce bon habitant des célestes palais, dont le poil mentonnier lui fust confié par faveur spéciale de monseigneur l'archevêque.

La dame qui, comme bien le debvez penser, estoit

un peu niaise et ignorante combien que jolie comme tout et plus que tout ce qu'on peut imaginer pource que point n'avoit-elle guères veu le munde, fust grandement resjouie des dicts de ces deux moynes et dès que furent en son logis mist tout en branle et sens dessus dessoubs en leur honneur, disant :

—Ça meschines et varlets, vitement apportez bouteilles du vieil cellier et jambonnailles ainsi que tartes, car vecy deux bons prebstres à qui la faim donne assault autant que la soif. Que chacun soit à deux genoils au devant de leur phantaisie. Puis adjouxta : Lorsque monseigneur, qui est en cestuy moment icy à Poictiers pour vuyder ne sçais plus quelle affaire, sera demain de retour céans, feste vous fera, et dignement vous traitera et vous baillera tel don que lui demanderez ? En attendant, beuvez ce joly vin de soleil, qui est du temps de ma paouvre mère grand, car à ce qu'asseure nostre sommelier, il feroit lever le jacquemart des portes les mieux verrouillées.

Et disoit-elle ceci moult naïvement ne cognoissant pas qu'il y eust pensée maulvoise là dessoubs ceste parole mussée, car elle ignoroit de quel jacquemart vouloit parler le vieil cinge, ne sçachant poinct que la porte en question n'est verrouillée que de lacets, lesquels sont de laine pour les paouvres et de soie pour les seigneurs avec des aiguillettes d'or. Poinct ne vous doibs-je demander si bien m'entendez !

Ains vecy qu'oublie de vous dire que le bon batelier lequel pour ne poinct sonner mot n'avoit point lairré son ouie en son bateau, poinct n'avoit lairré choir une bouchée, une miette, voire, de ces beaux discours, pource qu'il suivoit partout la compaignie parmi les corridors, préaulx et salles du chasteau, portant en un réseau les poissons qu'il avoit prins en la mastinée.

Or est-il bon de dire que cestuy villain estoit de ceulx qui font voluntiers resver les filles, et aultres dames plus ou moins haultes de parages ou de taille, pource qu'il avoit bel visaige et plustost le maintien d'un capitaine de la cour accoustré en pescheur, que celuy d'un vray preneur de poisson.

Aussy contoit-on moult histoyres de filles par lui muées de pucellettes en dames, et diligentement ins-

truites en l'art de faire l'amour, depuis le chapitre où il est parlé de descoudre la chemise jusqu'à cil où sont colligées les mille et plusieurs fassons de dolcement emmarmouzeller les dames selon Pline le Jeune, Salomon, Petrone, Catulle, et aultres aucteurs, latins, hébrieux, grecs ou ægyptians.

Pourtant en cestuy moment dont je viens d'icy parler, nostre bon braguard estoit-il mélencholieux pource qu'un soir, ayant beu plus qu'il ne souloit, si bien qu'il en estoit saoul deveneu, s'estoit en manière d'occire le temps et de trupher son ennui, amusé pour ce que tous chats sont gris, et toutes chattes bonnes à accoler la nuit, à besoigner la chamberrière de madame Yolande. De ce, estoit entré en grand ire le sire de Lésigny et avoit juré sur le tombel de son

père qu'il feroit pendre le drôle, s'il n'espousoit la servante. Aussy, comme cuydez bien, poinct ne soubrioit le paillard à cette pensée, car dur lui estoit d'enchaîner sa liberté, seule richesse qu'il eust au munde, et de ne plus taster en bon coq qu'il estoit le doulx duvet et souëf plumaige des cailles coëphées, grives engiponnées, gélines, gélinottes et gélinettes qu'il rencontroit dessus sa route.

De cet ordre qu'il avoit receu et que debvoit mettre en obscrvance au retour du déjà dict seigneur de

Lésigny, Cognault estoit moult encholéré, aussy bien auroit-il donné dix ans de sa vie voire même quelques sepmaines par dessus le marché pour yssir galantement de cestuy maulvois passage. Adoncques, escoutoit-il finement tout ce qui se disoit emprès de lui, flairant bien que de ceste adventure de frères questeurs, sortiroit un joly moyen de soy bien venger et tollir d'affaire. Et s'empressoit entour des bons pères, les servant comme varlet, leur baillant à boire et disant avec force saluts et soubris où se mussait mocquerie :

— Que souhaicte Notre Révérend?

— Vostre Saincteté a-t-elle le gousier sec?

— Vostre veuil seroit-il que j'aille quérir quelques piots pour arrouser vos benoistes trippes?

— Nostre Révérend n'auroit-il besoin de s'aller soulager emmy le fientoir !

— Vere! comme les mandibules de nostre frère font bonne guerre à ce jambon!

Et aultres jolies chansons de la même paste.

— Doncques, disoit le frère Pancrace, si vous voulez avoir petit enfançonnet garçon ou fille debvrez faire ainsy que m'en vais vous enseigner, madame. Après que vous serez sainctement confessée de toutes vos fautes mortelles ou vénielles, péchés ords et villains, maulvoises pensées et dézirs malplaisants à Dieu, mangerez un pigeon rosti pource que pigeons et colombes sont oisels d'amour ainsy que sçavez, et estoient jadis consacrés à madame Vénus prime déesse du royaulme de volupté.

En mangeant le dict pigeon, debvrez boire frais autant que pourrez, puis vous laverez le col, les testons et le ventre avec le laict d'une chèvre blanche pour les purifier. Adoncques quand vous aurez faict cela vous irez mettre au lict toute nue sans chemise, et direz l'oraison de saint Greluchon que vécy :

> Mon bon monsieur sainct Greluchon
> Qui estes benoist doulx et long
> Tant et plus qu'un cierge de Pasques !
> Oyez m'estrif et je mettrai
> Pour vous un bel habit doré
> Sur le hault de la Tour Sainct-Jacques !
> Amy des dolents, Greluchon
> Qui poinct n'avez petit cochon
> Comme defunct messer Antoine,
> Mon veuil seroit enfançonner ;
> Las ! le ciel va m'abandonner,
> Prenez pitié de mon essoyne !
> Recepvrez autant d'oraisons
> Qu'en Paris y a de maisons
> Si me desbridez la ceincture.
> Soyez m'estoille de bonté
> Et faictes choir en mon costé
> Ce que poinct n'y a mis nature,
> Mon bon sire sainct Greluchon
> Si doulx, si benoist et si long !

Puis baiserez la touffe de barbe que nostre frère vous prestera, et vous endormirez. Afin que tout aille selon vostre désir et volunté, faictes tost placer emmy la chambre un grand coffre avecques un coussinet de velours. Dessus nous mettrons le morcel de l'escarpin de sainct Crespin que debvions porter à monseigneur l'archevesque de Tours, et cela grandement fera marcher la chouse pour ce que sainct Greluchon et sainct Crespin sont les meilleurs amys qui oncques se soient entendus en ce monde et es-cieux, et souventes foys se donnent un coup d'épaule pour parachever leurs miracles qui sont labeurs durs et lourds plus qu'on ne sauroit dire.

Entandiz que passera la nuyctée, n'ayez paour aulcune de ce qui pourroit advenir, de rien ne vous emeuvez, et gardez-vous de crier. Si par phantaizie du azar, le bon sainct pour vous guerdonner descendoit son escalier céleste, et vous venoit treuver, comme souvent il souloit faire au siècle d'avant, lairrez le venir dolcement et courtoisement le recepvez. Ains si craignez l'enfer et toute la dyablerie luciférienne, ne dites onc à personne vifve, voire morte, le visaige qu'il prendra pour vous complaire, car ce seroit abominable sacrilège idoine à faire venir en grand erre la fin du paouvre munde, laquelle est encore fort lointaine à ce qu'on asseure.

Ainsi que jà l'ai déclaré cy-près, maistre Cognault estoit l'un des plus fins et des plus rusés qui fussent dans le païs, aussi oyant ces discours, devina-t-il soubdainement que nos deux frocards vouloient trupher la dame. Adoncques presta-t-il son ayde pour monter le grand coffre en la chambre de dame Yolande, puis le soir estant venu, le disner faict et les piots beus, tint conversation aux bons pères, s'habillant l'esperit d'une faulse naïveté, faisant comme s'il estoit à demi fol, — ce qui moult amusoit les moynes, lesquels s'esclaffoient bellement, sans se doubter de rien.

Et se tenant le ventre comme gens qui ont les trippes bien graissées disoient :

— Vere, madame, vostre grâce est grande, de pouvoir estre mise en grossesse par un sainct, et cognoissons moult princesses, voire reines, et peut-être emperières, qui bailleroient tous leurs thrésors pour avoir ceste grande faveur.

Et lorsqu'eurent bien ri au nez de la dame qui baissoit l'œil, comme si  elle eust été en l'ecclise, se prinrent tous deux à tirer à la paille courte pour sçavoir qui mangeroit le gasteau. Et le pescheur comprint qu'ils s'en remettoient aux mains du azar pour treuver qui des deux joueroit le rôle de sainct Greluchon dans ceste jolie farce.

Or, le sort ayant voulu que ce fust sur le vieulx, le plus jeune se print à cryer et à faire le despiteux, disant que Dieu desprisoit ses qualités !

— Oh ! oh ! adjouxtoit-il, vecy un beau sainct par ma fy ! Il est tout chenu, et despourveu, comme vieil cinge, et n'a plus dent qui morde !

— Eh! m'amy, respondit l'aultre, poinct ne gobe la mousche avant qu'elle soit prinse! L'habit ne faict rien, et si m'esbats avecques la dame qui est vestue

de brocard, tu te mettras en joye d'aultre costé, avecques la chambriere, laquelle pour estre engiponnée de laine, n'en est pas moins enguarnie de naturel satin, et testonnée mieulx qu'aulcune que j'aie onc pippée.

Adoncques, comme nostre maistre Cognault qui feignoit grande fatigue, sembloit dormir, se départirent les deux compaignons moynes. Le plus jeune qui avoit nom Jacques des Grives se fist monstrer où la meschine reposoit. Or, Cognault lui ayant dict qu'avoit prins convenance pour avecques elle passer la nuictée, contrefaisant la voix du pescheur :

— Point n'ayez crainte m'amie, ce est moy. Et comme en l'obscurité, un galant à l'autre ressemble autant qu'une febve à une aultre febve, poinct ne faillit de se trupher à ce jeu la paouvre servante.

Pour l'aultre moyne, ses sandales ostées il estoit dolcement entré emmy la chambre de la dame, laquelle ne bougeoit mie demeurant coite en ses linceulx ainsy qu'imaige de pierre en sa niche, et ne dormoit que d'un œil, ce qui est fasson de dire qu'elle ne dormoit poinct du tout.

Ains, vecy qu'à peine le vieil bénédictin commençoit à bénédictiner en la chambre, le pescheur qui s'estoit mussé

darrière un ridel, sur lui se jecta légièrement, et l'ayant vifvement lié avecques la chorde qu'il avoit aux reins, le print et le bouta au fond du coffre

maulgré ses crys et prières, disant qu'il n'estoit point
l'heure pour dyables se pourmener, et que le couvre-
feu estoit sonné depuis un long temps aussy bien
pour les dyables que pour les aultres. Et tost ver-

rouilla le coffre, lairrant le paouvre vieil à demy
mort et n'osant plus souffler.

Adoncques s'estant vitement deffeublé, sans aulcune
fasson monta parmy les drapels du lict, comme si
c'eust été pour lui chemin jà cogneu. Et la dame qui
sçavoit que chouses surnaturelles debvoient advenir,
ne s'estomiroit mie, et voulontiers se presta le plus
gracieulsement et le plus galantement du munde à
tout ce que vouloit et demandait le bon sainct Greluchon. Aussy doibs-je dire que le faiseur de miracles
ne demandoit que dolces accolades et que le tout
estoit grandement au goust de la dame.

Aussy estoit-elle moult joyeulse et accoloit-elle le

sainct sans respect aulcun oubliant que ce estoit plus qu'elle grand personnaige combien qu'elle fust la femme du plus hault seigneur d'alentour.

Le pescheur se comportoit de la belle et vaillante manière, si joliment qu'il eust pu faire pour le moins dix miracles de la même sorte si besoin en avoit été, et Yolande de treuver que les saincts avoient grand avantaige sur les hommes fussent-ils ducs, barons ou roys, car combien qu'elle n'eust oncques couchié avec aulcun roy, cuydoit-elle bien que cil de France combien adextre et brave qu'il fust ne debvoit faire aussy rude guerre d'amour.

Et disoit-elle :

Ah m'amy, mon doulx amy, je suis toute emue, et souspirant comme pour rendre l'âme, ne treuvoit-elle aultre parole à dire que ceste-là, mais baisers qui parloient davantaige.

Et quant fust venu le matin se départit le bon sire Greluchon disant :

— Ma dame, pource que m'avez féallement obéi, serez bien guerdonnée, car avant que le neuvième mois d'icy se passe serez mère d'un joly marmouzet, lequel jà va s'esbattre emmy vostre ventre. Ains, si tenez à vostre éternel salut, comme toute bonne christiane et ne voulez aller ès-flammes infernales où sont charrues de feu pour labourer les souëfs corps féminins; aussy si sentez le désir que je revienne, à nul ne parlez de tout cecy.

Pour quant à ce coffre, à cause du villain et ord dyable qu'y ai bouté ceste nuict, faictes le jecter en Creuse par vos gens avecques un collier de grosses pierres! puis adextrement se sauva comme le guetteur de la haulte tour commençoit

à sonner de la trompe pour annoncer l'arrivée du sire de Lésigny.

Adoncques, comme le seigneur lairroit son cheval, vint à lui le pescheur tenant en main sa barrette et saluant fort :

— Messire, dit-il, estois venu, ceste vesprée darnière, pour complaire à vostre volunté, et prendre vostre meschine Catherine pour m'estre femme ; ains combien que la hart me guette, me desbride du ser-

ment qu'ay tenu, car la ribaulde est à l'heure présente couchiée avec un maulvois moynillon de ne sais où! Les ai verrouillés tous deux : venez donc veoir, si c'est vostre plaisance.

Lors conduisit le gentilhomme.

— Par l'esperon de ma botte! dist le sire de Lésigny, je veulx qu'ils soient fouettés tous deux rudement et pourchassés emmy la plaine, pieds nudz comme claquedents!

Aussitôt, les varlets de se mettre à l'œuvre avecques force railleries l'un disant :

— Eh! eh! mon petit frère, vecy pour le jeu des Innocents! l'aultre :

— Oh! ma dame voilà pour sonner matines!

Puis quand furent bellement mis à mal, les mirent dehors piteusement, avecques le grand coffre qu'ils boutèrent en l'eau.

Au bout de neuf mois la noble dame en grande joye sentit d'elle issyr deux jolys petits enfançonnets, car pour parachever et parfaire sa besoigne estoit souventesfoys reveneu le bon sainct Greluchon lorsque le gentilhomme alloit à la chasse ou à la ville.

Et longtemps encore retourna-t-il emprès d'elle, car l'ayant dispensé du bel habit d'or qu'elle lui avoit proumis et de ses oraisons, estoit-il juste qu'elle le payast et guerdonnast aultrement de son miracle!

II

HISTOIRE
D'UN GENTIL PREBSTRE POICTEVIN QUI PRIST LE CŒUR D'UNE BARBIÈRE MAULGRÉ LE CAPITAINE QUI ESTOIT DEDANS

Pour Messire Francisque Sarcey, archiprebstre de la critique dramatique, gardien des bonnes coutumes du peuple de Paris, prince en l'art de la périphrase, oncle perpétuel du Chat Noir, *bon raillard, et gonfalonier de toutes galanteries je ai espécialement escript cestuy conte afin de lui tesmoigner ma vénération profonde.*

II

Histoire d'un gentil prebstre poictevin qui prist le cœur d'une barbière maulgré le capitaine qui estoit dedans.

Asseurément depuis plus de cent ans, poinct ne s'estoit veu en la ville de Chastellerault la jolie, prebstre plus joyeulx, de plus baulde complexion, et mieulx en poinct que cestuy-cy dont veulx vous entretenir meshuy, — lequel estoit pour lors vicaire en l'ecclise Nostre-Dame et avoit nom Loys de Vaubois. N'ayez doubtance trez vertueuses dames qu'adjouxterois « pour vous servir » si eussiez vécu dans le temps qu'il vivoit, car ce estoit un gentilhomme de hault paraige, et pensez bien qu'il l'eust faict le plus galantement du monde. Mais las plourez, car est mort vecy quelque temps aux prune set qui sçait si pourrions retrouver son âme seulement: tant est grand le Paradiz !

Poinct n'estoit de ces prebstres barguignant qui toujours marmonnent et baillent remonstrance aux paouvres brebis. Chouses graves n'aimoit mie, et souloit estre miséricors aux dolces pescheresses; aussy toujours estoit pleine sa chapelle de gentes dames qui se venoient confesser, depuis chamberrières et meschines, bourgeoyses, et marchandes de godronneries jusqu'aux princesses très-illustres, qui sont par les rues suivies d'un petit paige caudataire pour porter le bout de leurs robbes et lairrer voir comment ont la jambe faicte.

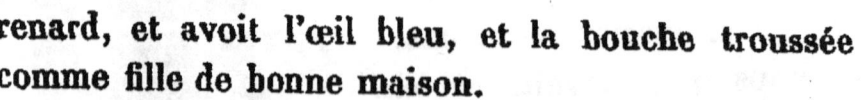

D'aage environ avoit vingt-cinq années ; estoit roux de poil comme un renard, et avoit l'œil bleu, et la bouche troussée comme fille de bonne maison.

Paroist qu'il sçavoit si dolcement bailler pénitence et jecter en oubliance peschés véniels et aultres que toutes cailles coëphées et gélinettes à béguins s'en venoient à lui pour leur conscience espelucher, et tous ces petits cœurs s'en alloient absoluz si gayement que c'estoit plaisir à voir et que c'estoit l'object de tous discours jusques à Poictiers et au-delà.

Et les femmes avoient l'âme si nette et si bien assagissoient depuis sa venue qu'à l'entour de la rue où estoit son logis, enfançonnets venoient drus comme herbe après la pluye, et champignons par où la biche a pissé.

Ores, advint qu'en la dicte ville de Chastellerault qui est mienne comme jà scavez, advint dis-je, que vers le mois de may, messire Lunot de la Lunotière, maistre barbier-médecin, s'estant énamouré d'une fille de bonne bourgeoisie ou de ses escus — onc n'a-t-on su justement — l'espousa, combien qu'il fust layd comme le quart pesché capital, et coëffé de cinquante bons hyvers bien carillonnés, sans compter automnes, n'étés ne primeveres; — notez que la damoiselle estoit de l'aage où corbels vont à l'escolle.

Tout le munde en la ville avoit le deul au cœur comme l'auriez eu, voir ceste gente bachelette tresbucher dans les bras d'un vieux barbon comme cestuy-là — mais nostre bon seigneur Dieu bonnement faict toutes chouses, et poinct n'a esté inventé cocuaige pour les trespassez.

Pour ne point bourder et faillir à dame vérité qu'ay toujours tenue en grand honneur et respect, vous dirai que le dessusdict Lunot de la Lunotière ne bailla poinct comme pourriez cuyder liberté de son proupre faict au mignot pucelaige de sa femme; car ce bel oisel avait esté forclos, et s'estoit desporté pour païs pucellagesques deux sepmaines auparavant, du plein gré de la jouvencelle et par l'ayde bénévolente d'un sien cousin, capitaine aux arbalestriers de Monsieur de la Trémouille, — lequel estoit pour lors à Poictiers.

Reprouches ne bauldray à ceste petiote! chauld ne froid ne lui feroit veu qu'elle est morte bien avant que mon aïeule ne nacquist; et pourquoy reprouches?

Pucellaiges sont bestes malivoles, dures à guarder parmy les nuicts et qui souventesfoys si félonnement mordent les filles en leur fressure, que faudroit avoir asme de fer pour les blasmer aulcunement.

De ce mariage pourtant, mocqueries alloient bonne alleure, et brocards pleuvoient dru comme gresle en mars, car en païs chastelleraudois, gays raillards, plaisants et faiseurs de joncheries sont plus nombreux qu'en aulcune aultre province.

Mais de tout le bruyct qui se menoit à l'entour de lui ne s'esmoyoit guères nostre barbier disant : Suis comme poirels qui ont la teste blanche... Dames me pardonneront ne poinct achepver, pour la grande révérence que leur guarde, et puis besoing est-il, dire es menteries de ce vieil sorcier, car pensez que, com-

bien qu'il eust les cheveux blancs comme neige et longs comme ceux d'escollier, n'en estoit-il plus agu et adextre que le paouvre Samson après que la félonne Dalhila lui eust trahistrement robbé les siens.

Toutes sepmaines — ce estoit le samedi si ay bonne soubvenance, — le bon capitaine qui se nommait Jehan de la Cerisaie venoit en grand erre de Poictiers avecques ses escuyers et proufitant de ce que le médecin estoit embesoigné à faire desvaller malades devers le chemin du tombel, mignottement l'enchaperonnoit car avoit-il grand pitié voir sa paouvre cousine demourer seule en son resvoir.

Or cognoissez-vous meilleur remède pour esloigner dyables du gippon des femmes que de leur apprendre mignottement la fasson de faire petits bastards et d'adjouxter pennes nepves au plumail de leur espoux?

Que cil qui peut m'enseigner moyen plus seur me vienne treuver entre onze heures et ménuit, je lui monstrerai la fasson de guarir le mal de folie avec une araigne et de faire un linceul avec un mouschenez! Et que le munde me tienne pour un maulvois escholier s'il ne s'en retourne escorniflé de l'entendement!

Le logis de cestuy petit prebstre frez et friquet dont ay parlé estoit sis prouche celui du médicin. Aussy en bons voisins, estoient-il grandement amis, et messire de Vaubois ses vespres dictes venoit-il souventesfoys boire un petit, manger des tartelettes ou jouer aux dez en la maison du sieur de la Lunotière. Et plutost estoit-ce pour l'œil de la dame que pour le bonhomme qu'il venoit, car depuis qu'il la cognoissoit, avoit-il mis en oubliance toutes aultres gélinettes de la ville jusqu'aux plus haultes encore qu'elles ne demandassent qu'à lui venir manger dans la main

ce qui est une fasson de parler que bien comprendrez si avez l'esperit subtil.

Jour et nuict ne songeoit qu'à ceste damoiselle, et n'avoit aultre soucy que lui bailler l'accolée.

Mais hélas, la dame avoit un homme d'armes dans le cœur, et gens de ceste sorte tiennent grand place, aussy ne prenoit-elle aulcunement garde aux mignotizes et ditz du vicaire et quand vouloit lui prendre les testons, crioit :

— Ho! monsieur, pensez que Dieu nous reguard

et que dapnation nous guette! Cuydez-vous qu'aurois foiblesse de bailler satisfaction à vos dézirs? prebstres doivent rester chastes comme bestiole qu'on met en

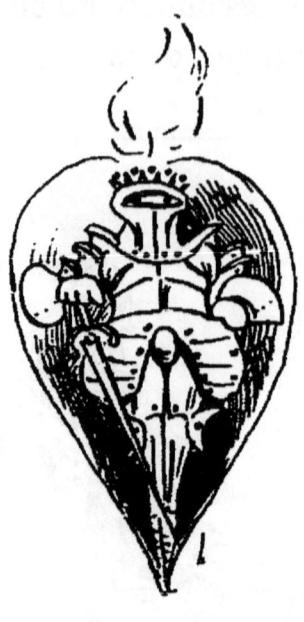

graisse, — et cent aultres menues baguenaudes, le menaçant d'aller tout dire à son espoux s'il ne finoit.

Et toujours esguisoit son dézir car estoit-elle frisque à manger sans saulce aulcune et capable de ressusciter trente-six vieils advocats morts sans braguettes.

Le paouvre prebstre qui ne souloit guère perdre son temps d'habitude à desnouer la pantophles des dames, pour ce qu'elles seroient venues devers lui sans pantophles — voire même sans chemise s'il en avoit eu la phantaizie, ne sçavoit que penser de ceste félonie, et grandement en avoit-il l'âme meshaignée.

Ars par ses reguards de feu, il languissoit comme flour sans rosée. Et toujours la dame au lieu de destaindre ce brandon qui le consumoit, le faisoit ardre plus fort, lui lairrant voir comme si ce estoit par azar, ses jarretiers, ses tettons et trottinant emprès de lui tant qu'en cuydoit devenir fol.

Oncques n'avoit si piteusement jeusné comme bien pensez le mignon clerc, et pénitence si grande faisoitil qu'on eust pu dire que ce estoit son purgatoire dessus la terre.

— Ah! disoit la petiote, qu'avez-vous donc messire? este palle comme vostre aulbe; venez çà boire un goubelet pour vous esjouir le ventre.

Mais ce ne estoit poinct de fiebvre qu'il avoit le ventre contristé, et vins fussent-ils veneus de Chypre et vieils de deux cents ans n'eussent pu deschasser sa mélencholie.

Chaque jour s'augmentoit sa tristesse; il songeoit à treuver bon moyen pour soy venger et voulontiers eust-il usé de meurtre ou aultre félonie, tant estoit esgaré son esperit — si meurtres n'estoient deffendus aux clercs et ecclésiastiques plus qu'à aulcuns, et n'entraînoient après eux excommunication, honte, abhomination et dapnation éternelles.

Ses yeux jadis esmerillonnés et scarbillats comme braise vifve ne brilloient plus; son entendement s'affoiblissoit, plus ne mangeoit, et parfois en disnant mangeoit sa souppe avec fourchette, mettoit le sel en son goubelet, la moustade emmy la cresme, tant estoit grande la perturbation de son esprit.

Et de vie à trépas alloit en grand erre.

Mais Dieu qui pitoyable se monstre aux paouvres gueux, villains et aussy aux meschants combien qu'ils ne le méritent mie, n'abandonne poinct ses serviteurs ; véant doncques un jour cestuy-ci qui antan estoit joyeulx, et dont le cœur pourbondissoit ainsy qu'agnel es-prez et qui meshuy se doulousoit comme manant qu'on mène à la hart, lui envoya ayde par la personne d'une vieille femme appelée Catherine.

Cette Catherine demeuroit en le logis du prebstre et estoit sa gouvernante ainsi que dit-on chez nous. Chaque matin balayoit la chambre, lavoit aulbes et surplis, et surtout possédoit, plus qu'aulcune, l'art précieulx des ragoûts boulluz, saulces mirificques, rostisseries, tarteries et aultres chouses de bouche et de ventre. Ainsy toujours gens d'ecclise, chanoine et esvesques ont à leur service grandes doctoresses en cuisine, pour ce qu'ils aiment par dessus tout se bien enguarnir les boyaulx et se gaillardement apasteler.

Dame Catherine encore qu'elle fust plus que meure estoit rouge comme chaperon de coq, testonnée à l'instar de nostre vénérée patronne Gargamelle, et de plus possédoit moult petits secrets vulgairement appelés « remèdes de bonne femmes », tels que urine de pucelle pour guarir mal de doigt, cataplasmes de mousches pour femme en gésine, et aultres non moins mirificques et esbaudissants.

Adoncques Catherine qui avoit eu moult besoignettes en son jeune âge et qui se rementevoit parfois le joly temps où elle souloit jouer au jeu de *trousse-cottes-mon-amy*, véant la malechance qui avoit prins « son paouvre clergeon » et qui menaçoit le bouter en enfer, résolut perpétrer sans tabour ne cornemuses une petite farce de sa manière afin que le furet eust loisir de passer au perthuys qu'il avoit treuvé — ce qui est encore une façon de parler parabolicque et circumbilinavigatoire.

Vécy donc comment s'y prist nostre commère :

Un samedi à la vesprée, comme le capitaine de la Cerisaie estoit venu de Poictiers afin de ne point lairrer les toiles d'araigne se tisser au cimier de monsieur Lunot, proufitant de ce que le médecin estoit parti à la chasse aux moribonds, dame Catherine transie d'effroi, deschevelée, et houspillée se jecta en le logis du voisin, menant grand bruict en l'escalier, piaillant ainsi que géline qui perdeu sa couvée. Si, que la dame qui pour mieux deviser avec son guallant s'estoit deffeublée un petit, comme il est coustume de faire en esté, en hyver aussy parfois, s'en vint mettre le nez à l'huys de la chambre demandant si le dyable la venoit poinct voir.

— Oh! fist Catherine en levant les bras au ciel, sauvez-vous ma dame, si vous avez souci de vostre vie conserver saulve! esloignez-vous d'icy, point n'est-ce le moment de brocarder et dire rigolleries : vecy messire Lunot qui s'en revient en grand arroy dessus son asne pource qu'un clerc du tabellion lui a dict en le vieulx faulxbourg de quelle jolie fasson vous estiez à lui accommoder le chief!

— Saincte Marie! fist la dame dont la chemise chiffonnée lairroit voir tettins blancs comme cresme et rouges comme frambroëses; saincte Marie, vecy doncques que je vais mourir à ceste heure-cy, car seurement me tuera le maulvois sire, avecques drogues si ce n'est avec une pertuisane.

— Da! reprint la vieille, point n'y a-t-il temps à perdre, je vais vistement celer le gentilhomme que vecy en l'écurie, et vous viendrez chez nous. Et y resterez mussée jusqu'à ce que l'ire de vostre cornard se soit despartie en fumée.

— Ha! dist le capitaine, je cuyde par le ventre Sainct-Jacques que tu as raison ma bonne femme! Et ce disant s'en fust à l'écurie où elle le verrouilla bellement. Puis, légièrement emmena la pauvrette au logis du prebstre où elle se print à plourer toutes lermes de son corps, tant que ses yeux en estoient tout rouges.

Pensez que moult fust estommi nostre vicaire, car rien ne sçavoit de la chouse, mais ayant l'esperit adextre devina-t-il tout vistement quand vist la gouvernante s'ensauver avec la clef de la porte.

Notez qu'il n'avoit point alors sa robe et que plutost avoit-il la prestance d'un gentilhomme que d'un curé.

Adoncques allant devers madame Lunot :

— Madame, dist-il, combien que m'ayez par vostre maulvoiseté et félonie conduit meschantement si près du tombel qu'y suis de désespérance jà tombé plus qu'aux trois quarts vecy que vous saulve la vie. Poinct ne m'en ayez recognoissance, car nostre Seigneur Jésus nous ordonne à tous rendre le bien pour le mal...

— Ah! dist-elle, me baillerez-vous onc pardon d'avoir esté si cruelle? Bien grandement m'en vecy punie à ceste heure, et ce est bien justice, pour toutes horrificques tortures que vous ai faict endurer.

Et dolcement, soubriant à travers ses larmes, le véant si bel, et plein de charité, l'accola, et gentement le baisa, lairrant ses testons lui caresser le col.

A quoy respondit galantement le prebstre et mignottement lui monstra que n'estoit point eschollier en ceste besoigne, et jusques à la nuict s'amusèrent à ce mestier joly de broiller les linceulx.

A ce jeu vist bien la dame que prebstres gallants sont plus habiles aux combats amoureux que capitaines et hommes d'armes, et que plus souëfves sont leurs caresses.

Adoncques rentra en son logis sans bruict mener avant que son mary ne fust rentré.

Et chacque jour quand alloit faire sa tournée en faulbourgs et campaignes, venoit mignottement tuer le temps avec le gentil prebstre.

On m'a conté que le capitaine passa une nuict fort maulvoise auprès de la mulle du médicin, et se départit en grand mystère avant le soleil levé cuydant que la Lunotière cognoissoit sa male aventure. Pour cestuy-là grand ne fust poinct le deul, car gens d'armes treuvent partout dames à leur gré pourveu que ne soient laydes ne vieilles; et ceste-là pour eux autant vault qu'une aultre.

Quant à la Lunotière toujours ignora qu'estoit cocu, et tous trois en de longues années vécurent heureux, voisinant gentement à l'advantaige du vicaire, avecques la bénédiction du Seigneur dessus leur cheminée.

III

OU IL EST JOYEULSEMENT DÉMONSTRÉ
QUE LES VIEULX CINGES
N'APPRENNENT POINCT AUX JEUNES MERCIÈRES
LA FASSON DE COUDRE LES TRUPHERIES
AVECQUES DU FIL BLANC

A Messire Gustave Rivet, bon poète, maistre esjoyeulsetés, porte-étendard de la confrérie des enfants de Villon, et député de la province de Grenoble en la chambre légiférante de Paris.

III

**Où il est joyeulsement démontré que les vieulx cinges
n'apprennent poinct aux jeunes mercières
la fasson de coudre
les trupheries avecques du fil blanc.**

Ers le temps jà trez-vieil où l'on ne mettoit plats sur tables que pour mangier et brocs de vin que pour se gargariser le gousier — où pucelles estoient plus rares que maris truphés, où les allouettes poinct ne tomboient toutes rosties dedans le bec des villains, et où l'on estoit seur d'avaller souppe mirificque toutes foys que Dieu vouloit, — je veulx dire au temps où l'on marchoit les pieds en bas — car rien n'est neuf dessoubs le soleil, et je cuyde bien que lorsqu'il adviendra que les hommes voleront en les aers ainsy qu'oisels, poinct ne seront plus malins qu'aujourd'huy.

Adoncques je reprends, la prime pouldre ayant été jectée aux yeux des lecteurs bénévoles ou débonnaires : — Dessoubs le règne de monseigneur Charles le septième qui tant malmena les mauldits Anglois avecques l'aide de Jehanne la Lorraine, vivoit en la rue de la Vieille Poissonnerie une marchande mercière qui avoit nom Radegonde Thévenot.

Ainsy que ce est l'habitude toutes fois que la boutiquière est jolie, la maison de ceste-là dont je parle estoit toujours pleine de mignons gorgias et de muguets, lesquels venoient la bouche soubriante, et l'œil flambant vuyder tout ce qu'ils avoient de gallanteries et mignardises en leur sac.

Et par la pantophle du Dyable, point n'avoient maulvois goust, car ceste dame estoit asseurément la plus gente de Chastellerault, où pourtant il seroit malaisé de rencontrer quatre femmes laides, hormis les vieilles de nonante hyvers qu'il ne faut point compter.

Ses yeux d'Hespaignolle et sa bouche qui sembloit de braise estoient bien faicts pour appoincter les dézirs. Ce qui estoit dessoubs sa gorgerette estoit aussi dur que ce qui tient lieu de gorgerettes aux statues de marbre, lesquelles sont toutes nues comme vous sçavez ; et il suffisoit de voir le bout de sa jambe pour deviner que le seigneur Dieu l'avoit plustot bastie au ventre de sa mère pour estre royne que marchande de godronneries. Mais n'advint-il pas souventesfoys que le vieil Destin brouille ses escriptures aussi bien que n'importe quel griffonneur de ce bas munde ?

Ceste dolce dame à l'heure que je dis n'avoit guères que vingt foys compté le retour des primevères, et comme nostre saincte religion défend à l'homme d'estre seul en son logis à moins qu'il ne soit moyne à la fasson de messer sainct Antoine, un certain André Denichères, compaignon armurier, l'avoit prinse pour femme.

Et c'estoit par ma fy l'un des plus beaux couples qu'on pust voir de Poictou en Saintonge, car le dessudict marteleur de fer à teste couper, estoit de ces gens à poil roux dont parle l'Escripture Saincte, lesquels sont mâles de visaige, bien taillés d'eschine, et pour ce qui est d'aimer, d'amour

et d'amourettes feroient la besoigne de trois carmes et de dix mahumétans, sans jamais mander le voisin de leur venir en ayde.

Aussy pour le bon ménage qu'ils tenoient et la grande plaisance qu'ils avoient à se guarder l'un pour l'autre, tous les guallants de Radegonde estoient-ils comme mousches qui se noient en laict ou parpaillons qui se bruslent les ailes à la chandelle, car si la mercière leur soubrioit et par foys leur laissoit voir la couleur de ses testons, oncques ne donnoit loisir aux challans d'aller tastonner de quelle estoffe estoient ses jarretiers, pource que, disoit-elle, elle avoit plus hault la gale.

Parmy ceulx qui chacque jour venoient à la boutique de la rue de la Poissonnerie sous couleur d'achapter des bagatelles, y avoit un vieil bourgeois d'environ cinquante ans d'aage, lequel demeuroit le plus longtemps auprès de la belle et plus qu'aulcun aultre estoit audacieux en ses emprinses, pour ce qu'il estoit le maistre de la maison en laquelle demouroient les Denichères.

Souventesfoys pour complaire à la dame, et mieulx se loger en son cœur lui faisoit cadeaux de toutes sortes, chapons et fruicts, lui disant : « Goustez un petit les poires de mon fruictier, » ou bien : « Vecy pour demain bonnes gélines à rostir afin d'obéir au Seigneur qui veult qu'on s'esjouisse le dimanche. »

Et combien qu'elle ne fust aulcunement chatouillée par les balivernes qu'il lui contoit, Radegonde prenoit tout de grand cœur disant mercy en la place de son mary, car estoit-elle des plus avisées parmi les plus fines mousches, et comptoit-elle qu'il ne faut poinct cracher sur bonne poularde ni jecter au vent pannerée de pêches, lorsqu'on n'est poinct veneu en ce paouvre munde emmy courtines dorées et linceulx broudés. Et en cela estoit-elle plus saige qu'on ne sauroit dire.

Cestuy bourgeois dont vous entretiens à ceste heure s'appeloit Thomas Nivert si l'esperit ne me faict défaut. Grandement il estoit à son ayse, car sa femme lui avoit apporté plus de biens qu'il n'en faut pour estre heureux. Et même on eust pu lui pardonner de braconner dessus les terres d'autrui, car il estoit encore vert et gaillard, et n'avoit guères de de joie avecques son espouse laquelle estoit boëteuse, mal en poinct et idoine à servir d'espovantail aux moinels, grives, corbels et aultres oiseaux. Aussy

s'alloit-il souventesfoys divertir par la ville avecques les meschines de ses amis, les femmes des mestayers, voir leurs filles, lesquelles pour quelques sols, lui bailloient un boisseau de gaieté, une aulne d'amourelle et quelques menues rigollades dont il estoit friand.

Mais, combien qu'il eust à l'entour autant de gibier qu'il en vouloit et voire plus, il estoit depuis quelque temps deveneu tant affollé de son amour pour la mercière qu'il avoit d'un seul coup bouté en oubliance toutes les chambrières et petites ribauldes en compagnie desquelles il souloit aller faire le dyable toutes foys que le dict dyable lui en donnoit le dézir ou la phantaizie.

Pensez bien que proumesses d'escus et de joyaulx alloient leur train, et qu'il eust donné plus d'un collier d'or adorné de pierreries pour accoler celle dont il chauffoit si bellement les cottes.

Mais la mercière qui estoit bonne épouse, poinct ne se laissoit tenter par ce qui brille ainsi que font les allouettes, lesquelles se font prendre au mirouer, et doucettement railloit le bonhomme.

— Vere, disoit-elle, pourquoy feroi-je à la déplaisance de Dieu et de mon mary? Poinct n'ai le droit de robber à madame Nivert ce qui lui est dû. Besoing lui est de sa mesure, comme à moy de la mienne; et je sçais bien que si André s'avisoit d'aller ainsy courir emprès d'une aultre et de vouloir vendanger en son enclos, lui arracherois les yeux avecques mes ciseaux pour lui tollir l'envie de recommencer.

Et nostre vieil bourgeois s'en alloit chaque vesprée avecques la raige dans le cœur.

Or, il advint qu'en ce temps-là, les bourgeois, nobles, villains et peut-être aussi les gens d'ecclice, ayant excité la cholère de Dieu par leur félonie au lieu de gaigner les pardons et enguarder le salut de leur âme, le Seigneur fist choir comme foudre dessus le païs qui va de Poictiers jusqu'aux marches d'Anjou une maulvoise épidémie de fiebvre laquelle personne n'espargnoit et boutoit le paouvre munde en terre ainsi que froidure emporte mousches en éternité aux approches de l'hyver.

Ce estoit grande pitié que de voir les pauvres gens, palles et transis, se pourmener par les rues ainsi que phantômes, et tumber de vie en agonie comme s'il y avoit eu pluie de maulvois sorts et ost d'esprits malins dans la campagne.

Et pensez combien fust en douleur et mélencholie grande, nostre saffrette mercière lorsque vist son mary qui tant estoit vigoureux qu'il rompoit un escu d'un coup de poulce, — abattu par ceste mauldicte langueur qui jectoit le deuil emmy toutes maisons.

Pensez combien ploura et gehaigna oubliant toute gaudisserie et gayeté, elle qui souloit rire du soir au matin, et qui la nuit rioit encore en songe lorsqu'elle n'estoit poinct à s'esbattre avecques son mari, ce que point elle ne faisoit en maulgréant.

Ainsy marchent pourtant les chouses de cestuy munde! Tel qui huy s'esclaffe et s'esjouit, demain se guemente, et rien n'en faut-il dire, ni mal penser pource que la voulonté saincte de Dieu doit estre tenue en révérence, mesmement quand elle jecte le meshaing et la peine dessoubs nostre toit.

Cil qui estoit hier riche devient marmiteux comme

la pierre des routes et cil qui cuydoit vivre autant que Mathusalem s'ent son âme déchassée à la plus belle flour de son aage.

Tout s'en alloit donc en aval à la maison des Denichères. La paouvre Radegonde, obligée de rester depuis l'aube jusqu'à la nuict emprès le lict de son mary, laissoit les guimples, gorgerins et godronneries se couvrir de pouldre ; le moinel ne chantant plus en la cage, aulcun serin n'y venoit plus baliverner, et avecques les cocquecigrues s'en estoient allées les bonnes monnoyes carillonnantes, lesquelles si légièrement se dispersent lorqu'on ne prend pas soin de leur bouter un peu de poix au cul ou du plomb dessus la teste pour leur apprendre la fidellité.

Pourtant la mercière qui poinct ne avoit payé à maistre Thomas Nivert sa redevance cuydoit que le vieil pendard la laisseroit en paix et tranquillité pour le grand amour qu'il avoit d'elle.

Mais sans doubte elle avoit compté sans la maulvoise malice de ce meschant paillard qui avoit le dyable en sa braguette, car vecy qu'un beau matin, il s'en vint le visaige tout cramoisy de cholère disant qu'il bouteroit tout le munde de l'aultre costé de l'huis si le lendemain ne tenoit les dix escus qu'on lui debvoit depuis plus de trois mois passés.

— Oh ! fist la gente mercière, comment voulez-vous que vous baille argent ou or alors que n'ai poinct dix sols vaillant en la maison ? Le médecin a tout despendu ! Hélas ! messire, ne aurez-vous poinct

pitié de nous? Mon mary ne sçauroit mettre un pied devant l'aultre ni seulement toucher un marteau! Pour l'amour de Dieu et de la bonne Vierge prenez patience et bien sçavez que serez léallement payé aussitôt que se pourra ainsy que toujours avons faict.

Mais l'aultre ne voulut rien entendre à ce discours. Il estoit de ces vieulx boulgres dont le cœur est dur comme caillou, et qui ne sçavent guères où est logée leur âme.

— Si tu veux, dist-il avec un soubris de vieil regnard, je attendrai un petit, car poinct ne suis meschant. Toi seule peux me guarir du mal que je ay, aussy ferai-je à ta plaisance si me laisses te caresser selon mon dézir, car tant suis affolé et meshaigné du feu que tu m'as jecté dedans le corps que j'en mourrai en damnation si ne me prends en miséri- chorde. Adoncques baille moy une petite place en ta couche et un petit morcel de ta prouvision d'amou- rettes et te baillerai vingt escus avecques la quittance de tout ce que me devez.

— Las, respondit Radegonde, en se mussant le visaige derrière son devanteau et plourant toutes larmes de son corps ; las ! messire, voulez-vous me faire si grande honte et proufiter de ce que sommes aussy mal en poinct et tombés en malheurté pour me faire faire péché de la sorte. Pensez qu'oncques n'en obtiendrois pardon, et que mon mary vous égorget- teroit bellement, s'il avoit doubtance de ceste villaine chouse.

Puis se laissant choir à ses genoils se print à plou- rer si fort qu'elle ne put dire un mot.

— Non, non ! reprint Nivert. Rien ne veux sçavoir de tes balivernes ; bien cognois ruses féminines. Tu vouldrois mangier le gasteau sans avoir seulement battu la paste. Non ! non ! vecy mon darnier mot !

Laisse-moi faire à mon gré selon mon dezir et ma plaisance. — Nuictée de joie ne couste poinct cher aux cailles coëphées de ton espèce, et ne t'obligerai que si me bailles ma part de plaisir. Serois bien imbécille de te donner ce que demandes pour l'amour de Dieu et des saincts, afin que tu me jettes après tes mocqueries et brocarts. Poinct ne suis de ceulx qui escorchent l'anguille par la queue ou qui finent par le commencement. Je veux mes escus, ou le droit de pourchas emmy ta chemise. Adoncques prends conseil de ton ange gardien jusques à demain, bonne nuict et porte-toi bien jusqu'au prouchain angelus ! Vecy le moins de mon plus.

Ayant ainsy parlé félonnement s'en fust chez lui maistre Thomas Nivert.

Pensez-bien, mes bonnes dames et vous gentes damoiselles de toute couleur, de tout aage, et de toute estoffe, — pensez, bonnes ou maulvoises gens qui cette histoire lisez, que la paouvre mercière fust grandement navrée de ce nouvel estrif qui tomboit chez elle et que ses yeux d'hespaignolle jadis si brillants et scarbillats sembloient plutost fontaines de doulour, que petites fenestres par lesquelles on jecte œillades amoureuses, menus regards et aultres appeaux pour enflamber les guallants.

Bien estoit meurtri et dessiré son paouvre cœur de ce que le vieil bourgeoys fust sans qu'elle y eut songié tombé dans son servage, ainsy que perdrix qui se laisse prendre aux lacets d'un marmouset.

Or doncques comme toute deschevelée, plourant

toujours dedans son mouchenez elle s'estoit retirée en la cuisine, vint chez elle la mère d'André, bonne vefve qui demouroit dans le voisinaige et qui chacque

vesprée venoit ayder sa bru dans les soins du menaige et lui conter ce qu'estoit de nouvel au subject de la pluye et du beau temps.

Laquelle dolce vefve veant la paouvre Radegonde ainsy depitée, plourant à emplir tous les cocquemarts, demanda :

— Eh! quoi, m'amie, nostre bien-aimé fils seroit-il trespassé?

— Non! non! mère, respondit la mercière. A Dieu merci! la vie lui est reveneue, et si nostre patronne le permet le tiendrons en saulveté d'icy à la sepmaine qui vient; mais suis en grande paour pour ce que maistre Nivert nous veult jecter dehors demain avant le couvre-feu pour ce que lui debvons si ne consens à accointer sa phantaizie, laquelle est de venir frotter son ord museau contre mon visaige et coucher en mes linceulx la nuict prouchaine.

— Vere, dist la vieille, ce villain malautru, ce villain matagot marpault est-il donc aussy maulvois! Que les trente-six mille diableries de Satan le rostissent pendant toute l'éternité! Qu'il soit grillé comme morcel de bœuf et mangé à la saulce verte par toute la compagnie luciférienne! Maulvoiseté oncques ne proufita, et tost ou tard il treuvera payement de sa félonie! Mais sainct Antoine en qui j'ai mis toute ma fiance poinct ne abandonne ceulx qui cherchent à se garder du mal, et bien treuverons-nous tost le moyen de desbouter ton maudict guallant.

Puis adjouxta : — Monte voir ton mary, qui peut-être vouldroit boire un piot de tisane, et pendant ce temps adviserai.

La bonne femme ne fust point longtemps à songer sans flairer une bonne farce à jouer à nostre vieil paillard. Car estoit-elle moult rusée et alerte à toutes trupheries, pource que en son jeune aage elle avoit souventefoys coephé son espoux pour l'amour d'un gentilhomme qui l'aimoit.

Adoncques grimpant vistement en l'escallier, se print à crier : « Vive joye ! vive joye ! je ai treuvé du fil pour mettre à la patte du hanneton. » Par quoi elle vouloit faire entendre qu'elle avoit découvert bonne fasson pour ribler le maulvois sire.

Lors embrassant bellement son filz et sa bru, riant comme poularde qui mange des groseilles, reprint :

— Esjouissez-vous, mes agnelets, et donnez plaisance à vostre rate ! esjouissez-vous et chantez, car allons jouer un bon tour à ce vieil cinge ; si bon et si jolliment qu'il en guardera soubvenance jusqu'au jour de son enterrement et apprendra que jolies femmes poinct ne sont faictes pour les noirs et ords maignins de son espèce.

Et comme les deux aultres bayant comme oiselets au nid tout estommis et esbaudis, la regardoient les yeux écarquillés, elle continua :

— Vecy ce que m'a soufflé le bon sainct Antoine. Vieulx renards treuvent toujours renarde plus fine et plus avisée qu'eulx, et je cuyde que pour bonne rigollade à inventer, nostre Nivert seroit bien de la Sainct-Jehan auprès de moy. Escoutez donc. Vais aller quérir nostre sire Thomas en son logis et luy baillant une clef pour qu'il puisse icy venir sans estre veu du voisinaige, lui dirai que Radegonde seroit grandement joyeulse de passer avecques luy bonne nuyctée franche à deviser du plumaige qu'ont les chats la nuit et du temps qu'il fera aux Pâques prouchaines.

Pensez que le vieil coq point ne se le laissera dire quatre fois, et que prendra plus tôt ses jambes à son col pour venir veoir si les linceulx sentent icy le thym ou la marjolaine. Mais bien truphé sera-t-il pource qu'il treuvera aultre gibier qu'il ne souhaicteroit, et en rirons tant que nous devrons brusler un cierge au moins à saincte Catherine, si n'en rendons poinct l'âme avecques le dernier soupir qui est comme vous sçavez son varlet caudataire.

Doncques ayant légièrement mis sa coëphe, nostre bonne vieille devalla cappiettement en la rue de la Taupanne, où demouroit Thomas Nivert.

— Eh ! bonjour maistre Thomas, comment vous va ? Me semble qu'avez toujours le nez fiouri et l'œil en gaieté comme aux temps où nous dansions ensemble au bord de la Vienne ! Las alors estions jeunes et prompts à nous rigoller, mais huy vecy les cheveulx blancs !

Puis s'estant approuchée de son aureille adjouxta :

— Vecy une petite clef que sçavez bien et que ma fille vous envoie contre vingt écus et la quittance. Venez ce soir après le couvre-feu, et vous aurez plus de joye que n'en avez onc treuvé à l'entour d'un cotillon ou dans la gorgerette d'aulcune.

Adoncques ayant prins les vingt écus et le parchemin, s'en fust treuver dame Nivert aussitost le vieil cinge desparti.

D'abord, ainsy que toutes femmes ont coutume, lui parla des vendanges qui avoient esté bonnes, des semailles qui commençoient, du clocher qu'on estoit

en train d'adorner, d'une vache qui estoit malade,
d'une fille qui avoit perdu son pucelaige et de cent
aultres balivernes à dormir debout; puis s'estant
assise, print sa mine la plus marrie et sa voix la plus
pitoyable :

— Ah ! ma paouvre dame, fist-elle, ce est un grand
malheur que soyez ainsi délaissée par vostre espoux,
vous qui estes si bonne et si dolce, et qui avez tant
apporté de biens au ménaige. Car avant de s'estre à
vous marié, vostre mary estoit le plus petit parmy les
marmiteux et poinct ne mangeoit chacque jour cuisse
de grive avec son pain ! Et maintenant où va-t-il ?
Avecques des ribauldes !

— Certes, respondit dame Nivert, et suis bien heureuse encore lorsqu'il ne me caresse l'échine à coups
de branche, lorsque par hasard lui baille un reprouche
sur sa mauvoiseté ! Mais il se laisseroit prendre par
le dyable et mon oncle le vicaire de l'ecclise Sainct-Jacques a perdu tout son latin à le vouloir amender.

— Vere, dist l'aultre, me fendez le cœur. Or ça, si
voulez vous baillerai moyen de le corriger pour toujours et vous le ramènerai plus fidelle qu'onc agnelet
ne le fust à suivre sa mère emmy les prez.

— Ah ! si ce est vrai, reprint la Nivert, je vous
bauldrai ma ferme de Grande Cau avecques le clos
qui est à l'entour.

Lors, lui ayant conté à voix basse ce qu'estoit convenu, lui dist que si elle vouloit viendroit coucher en
le lict de sa bru, et ainsy trupheroit son mary de la
belle fasson. Ce que l'aultre ayant accepté, lui recom-

manda de ne rien dire, et toutes deux s'en revinrent devers le logis des Denichères.

Pensez bien qu'à l'heure du couvre-feu nostre Thomas Nivert estoit dessoubs les armes depuis un long temps. Après s'estre faict galantement calamistrer par le barbier de monseigneur l'echevin, se estoit parfeumé ainsy qu'un gentilhomme de la cour.

Et, encore qu'il fust, comme jà l'ai dit en amont de ceste histoire, vert presqu'autant qu'un coquebin

et capable de jouxter bellement, avoit beu chez une vieille ribaulde qu'il cognoissoit une goutte de liqueur ægyptiane, idoine à donner du cœur pour les combats amoureux et à resveigler les dézirs les plus endormis.

Adonc soubriant et prest à mugueter comme un damoiselin, s'en alla en la maison de la mercière, et ayant sournoisement ouvert l'huys ainsy que robbeur qui veut tollir le coffre aux argenteries, monta dextrement l'escallier, murmurant joyeulsement au fond de luy-mesme la tant vieille chanson de messer Somm :

> Un escallier
> Qui point n'auroit de marches
> Ne seroit poinct un parfaict escallier...

Pensez qu'il ne fust long à se deffeubler et qu'en moins de temps qu'il ne faut pour souffler une chandelle il fust emmy les linceulx ; pensez bien aussy s'il fust joyeulx, sentant cy petite main qui carressoit son museau de barbon, cy cuisse souêve, bras liz et testons frétillants. Aussy fist-il vaillantement mestier d'amoureux, bataillant comme un jouvenceau qui a jeusné durant six mois.

Vers le mitan de la nuict, ayant entendu rire emmy la chambre d'à costé et cuydant que c'estoit André qui resvoit :

— Eh ? mignotte, dist-il, vostre mary n'est poinct en mélencholie ?

Mais elle lui mist la main dessus la bouche, comme ayant grand paour d'être découverte, et tous deux s'endormirent dolcement les bras gentement enlacés.

Déjà le grand soleil ardoit lorsqu'ils ouvrirent les

yeux meschantement resveiglés par un grand bruict de cocquemarts et de ferrailles.

Cuydant qu'on le vouloit occire, maistre Thomas se dressa espovanté dessus le lict, et fust grandement esbaubi, car vist devant lui toute une compaignie qui s'esclaffoit le plus bellement du munde.

Ce estoit Radegonde, la vieille mère de l'armurier, deux voisines et deux voisins et messire Boitoux - Binotte, son vieil oncle, curé de l'ecclise de Sainct-Jacques.

— Or, ça, mon nepveu, dist cestuy-cy en caressant son poil mentonnier, qu'il avoit blanc comme neige, — or ça, mon nepveu, depuis quelle

heure est-ce doncques devenu la mode d'aller accoler sa dame en dehors de son logis ? Est-ce que le azar a mis icy linceulx plus doulx qu'en vostre lict, ou bien est-ce que l'amour vous semble meilleur dessoubs le toict des autres qu'en vostre maison ?

Lors Thomas reguardant derrière lui, poulsa un grand cri, véant que c'estoit avecques sa femme qu'il avoit couché et passé si bonne nuyctée — et tout penaud se mussa emmy les linceulx ainsi qu'enfançonnet qui a conchié ses chausses, entandiz que dame Nivert, en fasson de mocquerie lui disoit :

— Hé ! monsieur, sçaurez bien à ceste heure qu'après le couvre-feu tous les chats sont gris.

Ceste joyeulse lesson proufita grandement au vieil bourgeois, lequel, délaissant ses pourchas buissonniers et amourettes de ribauldes, recogneut la bonne science de sa dame, laquelle chacque fois qu'il maulgréoit, lui disoit : Eh ! m'ami, allez doncques coucher en la rue de la Poissonnerie ! — ce dont il avoit grande honte.

Ce conte est pour apprendre à tous ceulx et celles qui aiment à rire qu'onc ne faut se désespérer en ses maulvoises adventures, pource que le bon sainct Antoine a toujours dans son sac quelque farce gaillarde au service des bonnes gens qui mettent leur confiance en lui.

IV

LA PLAISANTE FARCE
QUE FIST A L'ENCONTRE D'UN PAYSANT D'INGRANDES
MESSIRE PHILIPPE DE GASTEBOURSE
GENTILHOMME RUFFIAN
GRAND MAISTRE ES RIBAULDERIES EN LA BONNE VILLE DE CHASTELLERAULT

A Messire Emile Bergerat, grand maistre en l'art gaulois de faire rire le paouvre munde, desbouteur des sots malplaisants et mirifique docteur es-sciences calibanesques, je dédie cestuy conte pour soy rigoller après souper, lorsque poinct n'aura treuvé mieulx à faire.

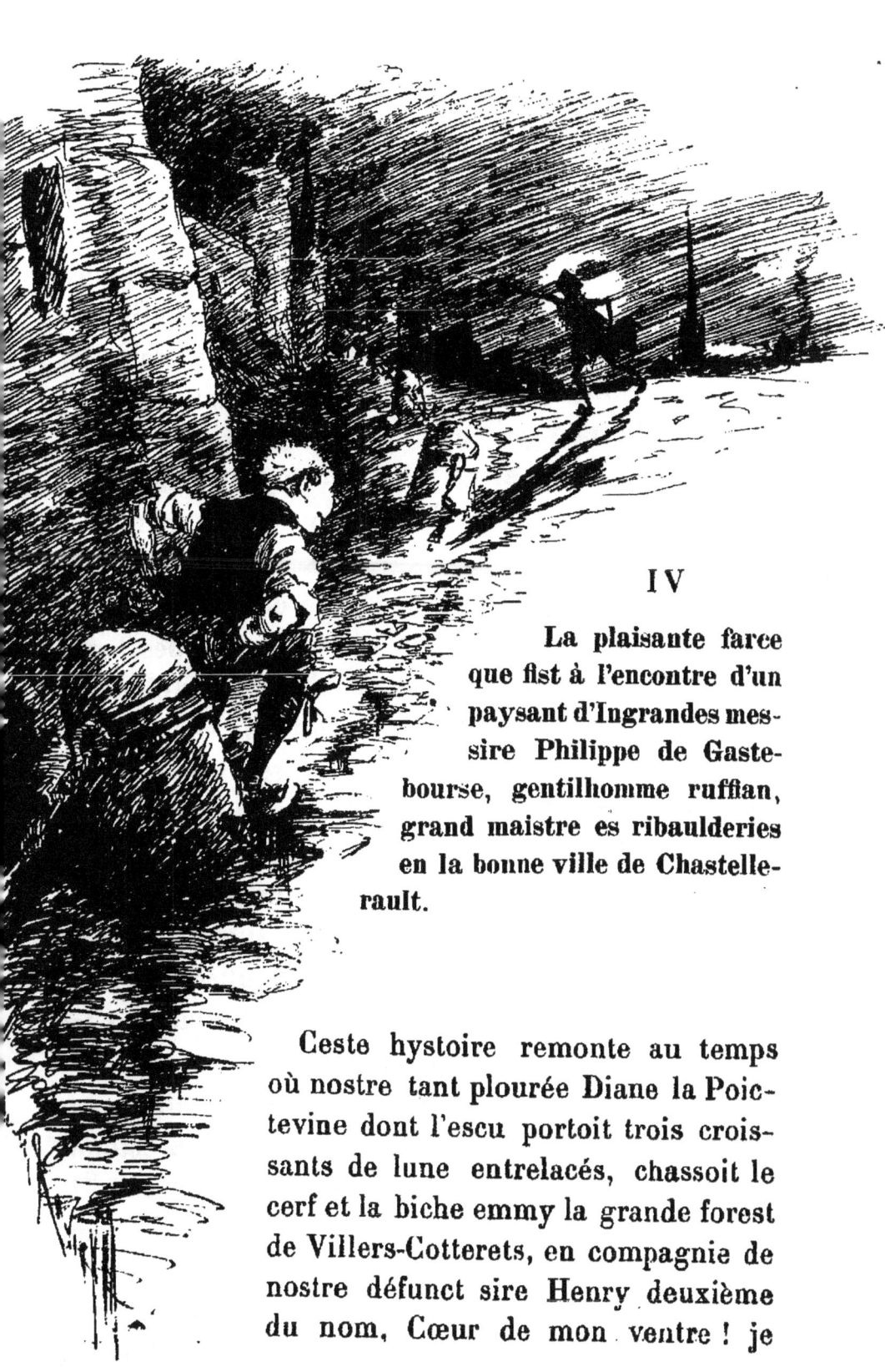

IV

La plaisante farce que fist à l'encontre d'un paysant d'Ingrandes messire Philippe de Gastebourse, gentilhomme ruffian, grand maistre es ribaulderies en la bonne ville de Chastellerault.

Ceste hystoire remonte au temps où nostre tant plourée Diane la Poictevine dont l'escu portoit trois croissants de lune entrelacés, chassoit le cerf et la biche emmy la grande forest de Villers-Cotterets, en compagnie de nostre défunct sire Henry deuxième du nom. Cœur de mon ventre ! je puis jurer sans déplaire à Dieu n'au Paradiz qu'il ne fust durant les douzes jolies années que cestuy prince de Valois se tint dessus le trône de France, braguard plus vaillant, paillard plus adventureux que messire Philippe de Gastebourse, lequel, combien qu'il fust gentilhomme de haulte et noble maison ne craignoit anges ne dyables, et mettoit tout sens dessus dessoubs en la vieille cité qui m'a vu naistre, depuis le faulx bourg Saincte Catherine jusqu'à celuy du bon sainct Jacques lorsque le dezir lui en venoit par voie infernale ou aultre.

Peu lui challoit du guet redoubté de monseigneur le gouverneur, et les gens d'armes avecques leurs pertuisanes, hallebardes et arbalestes portoient si foible umbrage à ses joyeulsetés, qu'il en eust comme il le disoit plaisantement après boire, mangié quatorze et demy sans que ses trippes en fussent perturbées et sans que ses rognons s'aperçussent de la chouse, combien qu'elle fust des plus héroïcques et dignes d'être guardées en mémoire. Il n'estoit huys, ne portes, ne fenestres si bien verrouillées qu'elles fusssent, lorsque son bon plaisir s'esveiglait, et les bourgeoys les plus honnestes, et les plus preudes bourgeoyses debvoient courber teste et genoil devant la volunté de sa braguette et les phantaisies estomirantes de son esperit diabolicque depuis messire le prévost et sa dame à laquelle il avoit gousté une foys pour seulement sçavoir si d'adventure elle estoit sucrée jusqu'aux plus maigres et marmiteux, parmy lesquels il cherchoit voluntiers pasture estant de ceulx qui ne dédaignent mie les prunes sauvaiges ni les filles du commun pour ce qu'elles sont autant que les aultres savoureuses du pucelaige et souventes foys plus souëves à l'entour du noyau.

Un certain jour qu'il avoit beu plus que de coustume à l'hostellerie de la *Dolce Chinonoise* où il souloit soy reposer des fatigues estivales avecques de petites ribauldes qui n'estoient vestues que de chemises, pour ce qu'elles treuvoient cottes et robbes trop lourdes à porter, il avoit villainement forcé l'huis de son maistre Gaspard Pinard, eschevin du roy, et sans scrupule aulcun avoit accolé sa dame après l'avoir félonnement escorniflé; avoit traité la dicte dame comme damoiselle de cuysse légière, et l'ayant vaillamment servie, cuydant le paouvre sire estre plus qu'aux trois quarts cocufié, s'en estoit allé, disant en manière de raillerie : « Messire, je cuyde fort que vostre fils sera plustôt gentilhomme que courtaud de robbe, car il vous viendra un marmouzet avant dix mois si les expériences et pronostications que je viens de tirer ne sont faulses, et si le diable ne s'est poinct logé emmy le nombril de vostre espouse. »

Aussi ne pouvoit-on ouïr par toute la ville que cris, malédictions, et brairies contre les abhominations de cestuy suppôt de l'enfer; mais lui n'en avoit cure non plus que de son premier hault de chausses, et lairroit le munde brailler à l'entour de lui, s'amusant seulement à estrangler ceulx qui d'adventure se treuvoient emprès de sa main, ou à jecter en Vienne les maulvois raillards qui venoient trop hardiment veoir si ses aiguillettes estoient d'argent ou d'or. Et maulgré plaintes, plours et propos des paouvres gens de Chastellerault qui se gehaignoient tout le long des jours que Dieu faict, estant sans cesse par ce gaudisseur, rossés, encornés, dérobbés, violés, voire même escartelés, le damné gentilhomme vivoit en paix pour ce que les hommes d'armes du vieil gouverneur le tenoient en grande et horrificque paour, le craignant plus que la gehenne, et le nonante troisième tourment de Lucifer.

Or doncques au temps où tout ce grand bruict se menoit à l'entour de sa mauldicte personne, un paysant du nom de Jacques Serreau, ayant vendu contre une pleine pochette de beaux escuz sonnants, deux vieils bœufs forbeus qu'il avoit conduits au marché, reprint la route d'Ingrandes où il avoit la plus riche métairie du pays, après avoir joyeulsement brindé en l'aubergerie des *Trois Pigeons*, où il avoit souppé en compaignie de deux gays compaignons et d'une douzaine et demie de piots larges du ventre autant que de la gueule. Le petit vin de Chinon lequel ard au ventre et à la cervelle plus qu'aulcun aultre que je sache lui avoit un petit perturbé l'équilibre, aussi s'esbattoit-il moult plaisantement dessoubs la lune. Advint doncques qu'en passant prouche le moustier des capucins, lesquels sont maistres de la pluye et du beau temps à ce qu'on asseure, pource qu'ils ont des charmes mussés au fond de leurs capuchons, — cestuy paysant sentant ses tripes s'esmouvoir emmy son ventre en façon de coliques et cuydant ne faire mal à aulcun, s'establit devers un mur vieil et se mit à chasser ce qui l'embarrassoit si fort, poulsant petits gémissements, comme font femmes en gésine, et criant : ahans! ahans! ainsi que les buscherons et boulangers, combien qu'il ne coupast mie de bois et qu'il ne fist point de pain, mais aultre chose que vous entendez bien.

Le azar qui desvalle chacque jour de la porte aurificque des cieulx à l'huis ensorcelé de Monsieur Satanas se faisant à matines serviteur des puissances bénoistes, pour s'affeubler à la vesprée de la livrée noire des paiges dapnés, voulut que cestuy soir-là messire de Gastebourse rodast emprès du logis des moynes cherchant en son esperit quelle maulvoiseté il pourroit faire à frère Guillaume des Olivettes le prieur.

Adoncques comme il se pourmenoit en grande perplexité, entendit darrière lui le bruict que faisoit le villain au nez des estoiles, et le véant ainsi embesoigné, vint devers lui maulgréant avecques force gestes colériques et lui boutant son poing si rudement dessoubs le nez qu'il en faillit choir en sa cresme naturelle :

— Hé! marroufle, cria-t-il, que fais-tu ainsy à croptons parmy l'herbe de nostre vénérable abbé?

— Vere, respondit le manant qui poinct ne cognoissoit l'humeur du gentilhomme, vere ne le sentez-vous poinct?

— Par la triple maschouère de la défuncte beste du Gevaudan, reprint l'aultre, oses-tu te railler de ceste

fasson des chouses sainctes, et cuydes-tu que murs des moustiers ont été faicts pour estre adornés de la sorte et guardés par des lansquenets de fientoirs! Ça, viens icy! Je veux que mon sang se fige et que ma fressure soit transmuée en pouldre d'apothicaire, si pour mieulx t'apprendre à vivre et te guerdonner d'avoir ainsi

conchié la maison de Dieu, je ne te boute ma
dague dans les boyaux jusqu'à ce que tu ne sois
plus bon qu'à faire saulcisse de corbeaux !

Sitôt le paouvre paysant se print à se doulouser
grandement, et les mains joinctes, disoit : « Oh! oh!
mon bon seigneur, prenez pitié de moy; véez mon
deul et mon estrif; poinct ne recommencerois pour
le salut de mon âme; au nom de Nostre Seigneur,
dont je tiens les sainctes lois en observance, prenez
mon escarcelle, et lairrez-moi desnué de vestements
s'il vous plaist, mais oubliez de m'occire; » et ainsy
que veau qu'on mène au boucher se traînoit-il dessus
les genoils, si piteusement qu'il eust fendu le cœur
des roches de Faugombault si Dieu ne les eust faictes
sourdes comme la pantophle de Tristan l'Hermite
laquelle l'estoit encore davantaige à ce qu'on asseure,
que le vieil chausson de Louis le Unziesme son maistre.

— Hé! fist le bon gentilhomme qui s'esclaffoit au
dedans de lui-même, faisois-tu cecy par félonie, ou
seulement pour ce que les tripes te démangeoient?

— Oh! respondit l'homme, Dieu me garde d'oul-
traiger personne....

— Voilà bien! reprint le débouteur de pucelaiges;
si oncques n'as ouï parler de moy, je suis le capitaine
des gens d'armes de messire le gouverneur; adoncq-
ques, combien que ne vueille te desconfire non plus
qu'entrer en déplaisance avecques Nostre Seigneur
Jésus, te ferai cravater de chanvre avant le soleil
départi, si ne me suis sans devier et ne fais incontinent ce que te vais ordonner.

— Oh ! monseigneur, ploura le paysant, je ferai toutes chouses que voudrez, fust-ce desmarcher à la fasson des écrevisses jusqu'au delà de Poitiers, les pieds déchaux, et sans chemise.

— Gramment, me plaist ceste parolle, dist le joyeulx gaudisseur; prends doncques, et mets au mitan de ton mouche-nez ce paouvre prisonnier de ventre que tu voulois abandonner icy à la mercy des voleurs et mécréants de nuict, boute-le en ta poche et lorsque tu m'auras payé dîner, beuverie, et reconfort à l'hostellerie du Preux Charlemaigne, te lairrerai libre de la teste aux pieds sans mettre la braguette en oubliance; car veulx-je être huy, charitable et léal ainsy que l'ordonnent les saincts Évangiles...

Lors, le paysant de lui bayser les mains, jurant sur la châsse de Sainct Maurice qui est le patron et protecteur d'Ingrandes qu'oncques ne retumberait en ceste faulte, aymant mieux étouffer que de lui déplaire.

Puis, ayant vitement remis ses chausses en bon ordre suivit le gentilhomme, marchant à son umbre, ainsi qu'un chien de pastourelle, portant en sa poche comme précieulx fardelet à venérer, le bel oyson qui d'habitude poinct ne vient nicher en la poche des christians; et tout deux comme deux vieils compaignons de route s'en vinrent à l'hostellerie de Charlemaigne dont la girouette se guermentoit au vent comme mécréant dessus la roue.

Sitôt que l'hostellier vist Philippe de Gastebourse se deffeubler de son manteau, se print à trembler comme feuille au vent d'yver.

— Holà! maistre Bonnard, cria le gentilhomme d'un ton bonhomme, vecy un paysant d'Ingrandes dont le dézir est de me bailler à souper; apportenous tes plus dolces saulces, rôts, groiselles, et marmelades et tarteries, et du meilleur que trouveras à boire en ton cellier, car mon gousier se doulouse d'avoir grand soif.

Adoncques le dessus dict sieur Bonnard de gourmander ses meschines et marmitons, et de faire ronfler ses cocquemarts entour de lui et d'eslocher tout en son logis comme si le mauldict Gastebourse eust été monsieur l'évesque en personne.

Entandiz que le paysant beuvoit et s'esmerillonnoit Gastebourse tiroit l'hostesse par les cottes, la pinçoit aux jarretiers et au-delà lui disant : « Vere, madame, grand dommaige seroit-ce que vostre villain cocu de mary fust seul maraudeur en cestuy petit jardinet où je vais cueillir une flour! » et adjouxtait : « Pour ce qui est de vostre fille Madeglaine, vecy qu'elle tient la quatorzième année de son aage; le temps est venu pour que je songe à l'ayder en ce qui est de pourchasser avec pertuisane espéciale, le mauldict pucelaige qui ne cesse de l'espoindre nuict et jour; aussi viendrai-je pour ce faire un jour ou l'aultre de la prouchaine sepmaine... » et gentement accoloit la petiote lui demandant si poinct elle ne songeoit à braguette desnouer alors qu'elle estoit en son resvouoir, et taquinoit ses testons liz et souefs sans que personne osast bouger à l'entour de lui.

Adoncques s'estant oultrement diverti à ces jeux

et esbatements ainsi qu'à boire une dizaine de vieils flacons, Gastebourse ayant dict qu'il alloit en une soupente soy rigoller un petit avecques une dame de sa cognoissance, lairra le paysant; puis s'approuchant de maistre Bonnard :

— Amy, dist-il, te prye de veigler cestuy bonhomme pour ce qu'il a prins et mussé en sa poche six cuillers d'argent de ton dressoir.

Adoncques, le repas faict et parfaict, le paysant ayant baillé cinq pistoles à l'hoste, cestuy-ci dist, soubriant comme un vieil singe :

— Vous plaist-il, compaignon, me rendre mes cuillers?

— Par ma fy, et la Vierge, fist l'aultre, que le dyable m'escornifle si je sçais ce que voulez dire! oncques n'ai veu vos cuillers.

— Ah! ah! crya l'hostellier en grand ire, s'il est ainsy, sçaurai bien les prendre, et violentement mit la main à la poche du manant.

Ains aussitost desconfit et piteux la retira toute embrenée, n'ayant là treuvé aultre chouse que ce que Serreau avoit voulu lairrer au pied du mur...

— Oh! fist-il la mine marrie, oh! c'est du bren! et se saulva coillonnement en son jardin, ce pendant que Serreau s'en alloit le cœur en joye, cryant : — Eh! oui, c'est du bren! je te le baille! Va querir ailleurs tes cuillers si l'appétit te tourmente.

De là est venu le dicton qui court depuis le Poictou jusqu'en Bretaigne : « Méfiez-vous de la poche des paysants; tousjours on y treuve ce que poinct on ne cherche! »

V

L'ESTOMIRANTE HISTOIRE
D'UN GENTIL CLERC POICTEVIN QUI FUST L'ONCLE DE SA MYE SANS LE SÇAVOIR

A Messire Emile Blavet, capitaine du vieil esperit gaulois et conservateur perpétuel des Chronicques de Paris, je dédie cestuy conte pour le remercier de toutes les bonnes joyes qu'il m'a procurées par la verve estomirante de ses escripts et aussi en signe de perpétuelle recognoissance.

V

L'estomirante histoire d'un gentil clerc poictevin qui fust l'oncle de sa mye sans le sçavoir.

Au temps ou nostre tant joyeulx et guallant maistre Françoys de Valois rendist à Dieu son âme laquelle il avoit sentie deschassée de son corps par le trois foys mauldict mal italian que l'Enfer reprenne, — vivoit en la rue de la Croix-Verte, prouche le Carrefour Joyeulx à Chastellerault, la vefve de monsieur Guillaume de Vertpré qui fust échevin et trespassa si malencontreusement qu'on le cuyda mort par sorcellerie.

Combien que ceste dicte vefve eust passé la quarantaine qui est l'aage vers lequel les dames commencent à ne plus laisser bouillir leur cocquemart, estoit-elle vifve, vaillante et ardoit-elle grandement ainsi que pucelle qui n'a oncques vu le Dyable, car n'ayant guères esté contentée en sa jeunesse par son mary, elle avoit de cela guardé si grande chaleur intérieure qu'un raillard asseuroit qu'en avallant un œuf frais pondu, elle l'eust à son tour pondu bien et bellement cuyt, si toutefois, n'estoit esclous en son ventre.

Lorsque par foys, de loing en loing passoient par la ville soldats partant en guerre ou d'aultres qui de guerre s'en revenoient, point ne failloit à en loger une dizaine en son logis, les traitant gentement, leur baillant à boire autant qu'en vouloient et sur l'heure du couvre-feu, robbant cy et là quelques bouchées du délectable ragoût qu'oncques bonne christiane ne dédaigna. — Ains c'estoient là occasions trop rares qui lui mettoient seulement l'eau à la bouche, et plus-tôt que la guarir esguisoient encore son appétit, car elle estoit de celles qui n'aiment mie toucher le rosti du bout des dents, mais l'achepvent jusqu'à ce qu'il n'y ait plus que la nappe.

Adoncques ceste bonne bourgeoyse qui avoit grand paour des brocards et mocqueries, cuysoit et recuysoit en son grand desyr de contenter sa chair, tant estoit grande sa crainte de faire parler maulvoisement d'elle toutes les meschantes boulgresses de la paroësse.

Elle s'appeloit Magdelaine Bejeau, à ce que m'asseura cil qui m'a ceste histoire contée, et par ma fy estoit encore assez bien guardée pour son aage, fraische et belle en sa couleur, car elle ne se mesloit guères des travaux de cuisine et aultres barbottages de la maison, faicts pour ternir le teint des dames et noircir leurs mains, — mais lairroit voulontiers toutes les menues besoignes à sa niepce, laquelle estoit pucelle comme oncques pucelle ne le fust, frisque, jolliment tournée, bien enguarnie de testons, et pourveue de jambes déifiques, ainsi que le lairroit voir le vent chacque fois qu'il lui prenoit phantaisie de trousser ses cottes pour soy rigoller avec son compaignon le zéphir.

Comme bien pensez, guallants point ne manquoient à ceste petiote, et de toutes rues d'alentour s'en venoient rosder ainsi que chiens emprès de chienne qui se veult faire refroidir, mais à tous respondoit elle gaillardement, disant qu'elle n'avoit point soucy de leurs aumônes, pource qu'ils seroient bien heureux de lui donner, et que son escarcelle estoit à tous fermée, festes, dimanches, vendredys et aultres jours jusqu'à ce qu'elle eust treuvé un qui voulust l'espouser.

Gaye ainsi qu'oiselle qui boutte le dernier morcel de feurre à son nid, chantoit elle de vespres à matines comme petite folle, ains combien qu'elle se tint saige plus qu'ordinairement n'ont coustume filles de cest aage sentoit bien en elle-même frétiller dézirs et pensiers qui lui venoient de ses dix-sept ans sans doubte.

Chacque dimanche lorsque son libvre d'heures en la main, et ses pastenostres pendant au bras, elle allait ouïr la messe à Sainct-Jacques en compagnie de madame sa tante, estoit suivie, et pourchassée par grands cortèges de jouvenceaux voire même de vieux paillards édentés, qui tous s'empressoient et pour le mieulx jouoient des coudes, et se caressoient les costes afin de lui bailler deux ou trois gouttes d'eau benoiste, et lui serrer les doigts.

Et chacqun pensoit : Voulontiers lui porterois l'eau benoiste jusqu'en sa chambre voire même en son lict afin que point ne se fatiguast !

Ains de tous leurs souhaicts estoit-il comme s'il eussent chanté *Dame sensible*, sur l'air d'un vieil psaulme du roy David.

Lorsque ainsy yssoient de l'ecclise après l'office parachevée, la niepce baissoit l'œil, poinct n'estoit de même pour la tante, qui dressoit le chief et sembloit fière comme mule hespaignolle alors qu'est revestue de ses caparaçons à brouderies, car ressentoit-elle moult dolceurs en son esperit de toutes mignotizes que dèbitoient muguets et damoizelins à l'entour d'elles ; puis pinçoit le bec comme sœur tourière à qui l'on vouldroit conter florette : et y avoit-il de quoy trespasser en se rigollant, car chacqun sçavoit bien qu'elle n'auroit point craché dessus un bon compaignon pourvu qu'il fust jeune et vaillant à jouxter.

Ainsi se morfondoit-elle chacque sepmaine comme claquedents qui sans cesse passent et repassent emprès le logis des rostisseurs et seulement se nourrissent de feumée et de parfunct comme si ce estoit là suffisante soustenance pour se bien ragaillardir le ventre et les trippes.

Entre tous ceux qui tant brusloient pour la jolie niepce de ceste dame d'enfer estoit un jeune clerc de chez maistre Robert Godard, tabellion du roy, lequel estoit mignon comme un paige et s'appeloit Loÿs.

Cestuy clerc estoit yssu d'une bonne maison de robbe, et bien auroit voulu s'adjoindre ceste miste damoiselle en qualité d'espouse ; mais Thérèse n'avoit guères de biens ne richesses, monsieur son père en bon braguard qu'il estoit, ayant tout despendu avecques ribauldes et garces musardes avant que de se despartir pour l'aultre munde. Aussi bien cuydez-vous que les parents de notre escholier, vieilles gens qui plus estimoient argent qu'amour, apportaient nuysance à ses désirs ne voulant point le voir s'accointer à ceste petiote fillole de Saincte-Souffrette, patronne des marmiteux, cliquepatins et aultres gens sans avoir.

Et grandement meshaigné en son esperit, le clerc se complaignoit jour et nuict comme âme en peine, tremblant de fiebvre ainsi que malades es hospitaux, perdant le boire, le mangier, et jusqu'au goust de toutes les jolies amusettes qui sont l'apanaige de la jeunesse. Chacque jour despendoit tout l'argent de son escarcelle à achapter cierges de cire qu'il faisoit brusler emmy les ecclises, disoit force prières, litanies, faisoit nepvaines, pryant Dieu, saincte Catherine, sainct Nicholas, le bon sainct Loys son patron, et tous les aultres pour attendrir ses parents.

Mais, hélas ! n'avoit guère secours n'ayde des célestes puissances, combien qu'il fust bon christian, parmy tous les apprentifs perruquatz de la ville.

Car poinct ne mettez en oubliance, sans doubte, qu'en ce temps-là grandes guerres se livroient au long de l'année entre ces mauldicts huguenots du dyable et les léaulx serviteurs de Jésus.

Aussy, comme cuydez le bon Seigneur Dieu, et toute sa cour, saincts, sainctes, séraphins, archanges, angelots, apostoles et aultres, n'avoient gueres loysir de soy embesoigner des affaires d'amour, car Dieu avoit jà bien à faire d'excommunier tous ces hérélicques. Aussy, combien d'oraisons restoient en chemin, se perdoient emmy les nuages, ou restoient à dormir sous pouldre emmy les vieils parchemins de la Saincte-Escripture ! Tant et tant tresbuchèrent en leur voyage vers le trône du Très-Hault que force gens ne croiraient plus en Dieu, à l'heure qu'il est huy, s'il n'estoit dict en nostre benoiste religion qu'aulcunement ne doit-on mesdire de ce qui nous advient pource qu'est éternellement respectable la saincte volonté du Seigneur.

Véant que ne recepvoit ayde aulcune d'en hault, et que son patron et jusques à la très dolce Vierge, si pitoyable aux malheurtés du paouvre munde, le lairroit dans sa peine, résolut nostre Loÿs de Grandcourt avoir recours à Cil d'en bas qui est monsieur Dyable, comme poinct n'ignorez.

Pourtant gentes dames et vous dolces jouvencelles qui vous esjoyez au long de la vesprée à ouïr mes histoires d'amour, ne allez poinct jecter la pierre à ce gentil clergeon, car estoit-il à l'âge où comme bien sçavez le cœur arde moult emmy les pourpoints. Plustot estoit-il à plaindre qu'à blasmer, et bien folles seriez-vous de ne poinct lui estre miséricordieuses, et mieulx vaut que de lui mal parler, adorner le hault cimier de messires vos marys.

D'ailleurs pensez bien que pour ainsy mesprendre falloit qu'il aimast fort ceste bachelette et qu'il fust grandement tumbé en despérance ; Dieu lui pardoint cependant s'il eust tort d'ainsy mettre en mal gré son âme immortelle sans paour ne meshaing pour ce que tant aymoit sa belle amye !

Adoncques, ayant un soir du moys de may ceinct une bonne dague qui lui venoit de son frère le capitaine, print un baston et maulgré la pluye qui faisoit raige, s'en fust vers la huitième heure du soir devers Senéché. Car ce estoit là que par nuyct se réunissoient les sorcières pour parfaire le sabbat, et consommer les envoustements dessoubs le commandement d'une vieille ridée, meurdrie, chenue, retraicte et terrificquement laide qui avoit nom la Bancroche. Elle estoit réputée fort puissante en magie, faisoit philtres pour faire aymer, aultres pour bailler le dormir, et breuvaiges dyabolicques pour faire desvaller l'âme en la vallée des Umbres.

Après avoir pendant un long temps peiné et sué le long du chemin, nostre escholier, aux trois quarts forbeu, se treuva vers la mi-nuyct au *carrefour des Pendus*, dans la forêt. Là, en une espoventable caverne, demouroit la mauldicte.

A croppetons, comme maulvoises déesses des païs estranges qui monstrent leur ventre nud es-ymaiges des temples, la vieille se tenoit, ses talons entre ses doigts maygres, ayant auprès d'elle un vieil chat noir qui n'avoit sans doubte pas moins de cent ans, car estoit tout despenaillé du penil et rien ne sembloit plus posséder de vif que ses yeux qui brilloient comme braises infernales.

A l'entour d'un grand coquemart où cuysoient chouses puantes et incogneues dont le parfunct horrificque s'en alloit à plus de deux lieues à la ronde, se tenoient, ainsy que marmitons et varlets de cuisine, serpents jaunes, crapauds, chiens boëteux, souris-chaulves, tortues paralyticques, grenoilles aveugles, corbels, et aultres animaux chargiés de porter le maulvois sort par le munde.

A peine Loys estoit-il sur le seuil que vecy toutes ces meschantes bestes qui se prennent à cryer, siffler, piailler, hurler, s'eslocher et peter comme si goutte d'eau benoiste leur fust tumbée sur le nez. Si bien que le paouvre clerc, esbahi, se cuydoit jà emmy l'antichambre de monsieur Satanas.

— Paix, mes amours! fist la vieille édentée en faisant claquer ses badigoinces, puis se tournant vers le nouveau venu :

— Da! mon bel amy, que t'est-il doncques advenu pour me venir treuver par un temps pareil?

— Hé! madame, fist-il, je viens pource que Dieu m'abandonne...

La vieille oyant le sainct nom de Dieu, se print à poulser crys, tandis que les bestes resveiglées se démenoient de plus belle.

— Oh! si oncques répètes icy ce mot, te boute en

ma chauldière, infâme ! cria-t-elle, et ce disant, mangea quelques feuilles sèches avec un peu de fiente de hanneton (pour se purifier sans doubte).

Pensez que de la grande paour qu'il eust, le jouvenceau eust conchié ses chausses, si pour son amour

entretenir, avoit prins depuis huit jours aultre chouse que eau claire.

— Pourquoy doncques es-tu veneu ? reprint la sorcière en se radolcissant.

— Ah ! dit-il, en plourant, c'est que suis amoureux tellement d'une niepce de madame de Vertpré, tellement qu'en meurs de langueur et de peine, et que mes parents ne me la veulent bailler, pource qu'elle n'a ne royaulx ne angelots d'or en sa cassette.

— Et si te fais avoir ceste pucellette, que feras-tu pour me guerdonner! demanda la sorcière.

— Madame, respondit-il, j'ai robbé un annel d'or et deux escus à mon père, et je vous les bauldray.

— Ah! ah! fist la vieille en s'esclaffant avec un rire qui sembloit le grincement d'un vieil huys, ah! ah! mon fils, je vois bien que tu aimes ta mye.

Pour ce que tu viens de m'advouer, dist-elle, je te prends en pitié et protection. Da! sieds-toi dessus le gros livre de la cabale qui gist en ce coing, je te vais donner bon moyen pour réussir.

Lors, se levant avec un cliquetis de clefs et d'ossements, la Bancroche ouvrit un grand bahut mangié des rats, et dont la porte estoit engravée d'ymaiges infernales; print une petite fiole noire, et la donnant à Loÿs avec un joly soubrys de cingesse qui vient d'avaller une pièce de douze sols, lui dist:

— Tiens, mignon, verse trois gouttes de ce breuvaige dans une bouteille de vin qu'offriras à la tante de ta mye, et par enchantement especial, ton père te baillera trois jours après celle pour qui tu es venu icy. Pars et point ne te retournes si tu crains la mort et la dapnation éternelle...

Aussitost jecta ses trois pièces et son annel es mains de la dame, et pensez s'il s'en fust vistement, sans reguarder par derrière pour voir si le soleil estoit prêt à sortir de ses linceulx de nuages.

Après qu'il fust rentré au logis de son père qu'il redoubtoit fort estre au courant de son larcin, nostre gallant bellement se gorgiasa et se parfeuma, puis ayant mis ses plus beaux habillements, s'en fust au matin achapter au cabaret de la *Teste-du-Loup*, un vieil flaccon de vin chinonnois, lequel autant que celui de Bourgogne est renommé pour ce qu'il est chauld au cœur et resveigle la gayeté.

Puis, armé d'un grand courage, s'en vint frapper à l'huys de madame de Vertpré, disant :

— Madame, vecy une bouteille de vin que ma mère m'envoie vous porter, afin que le puissiez gouster : c'est d'une barricque qu'elle a recçue l'aultre hier de son oncle d'Anjou.

— Voilà qui est bien ! fist la dame, puis se tournant devers sa niepce : Petiote, dist-elle, apporte tost trois verres que puissions gouster cestuy vin et boire à la santé et joye de nostre bonne amye.

Et tandis que la tante s'en alloit à la cuisine pour y quérir quelques tartelettes, hardiment nostre clerc de verser trois gouttes de son breuvaige emmy le verre de la dame et aussitost se print à regarder innocentement le plafond comme pour voir le tournoy des mousches dessus la muraille.

— Allons, dist la tante, asseyons-nous et beuvons ! Mais à peine avoit-elle avallé deux gorgées de vin que se print à crier, disant :

— Ah ! c'est merveille que cestuy-ci ! Oncques n'en ai beu d'aussi doulx ; c'est vin de royne ou d'emperière ; j'en ai les trippes toutes esjouies !

— Hé ! dist Thérèse, il est bon, mais où donc treuvez-vous qu'il soit si mirificque ? Est-ce seulement en vostre verre ? Ce disant, print le verre de sa tante et beut. Et aussi trouva qu'oncques ne s'estoit vu vin aussi moelleux, et que c'estoit un vrai breuvaige déificque, tel qu'ambroisie et aultres nectars anticques.

Et joyeulsement vuyderent la bouteille en devisant de la pluye et du soleil.

Lorsque tout fust fini, nostre Loys véant que la dame l'escoutant paroissoit enchantée par le son de ses parolles et le reguardoit avec yeulx plus doulx que miel, print soubdain son grand courage, et se jectant à ses pieds :

— Ah ! madame, dist-il, si estes bonne et me voulez faire merci, si ne voulez me desconfire, empeschez-moi de mourir.

— Oh ! mon mignon, dist la dame, qu'avez-vous ? estes-vous malade ?... je vais faire quérir le médicin d'à costé.

— Ah ! madame, plus que malade me vecy, ains bien meshaigné, meurdri, navré et mal en poinct : je aime grandement vostre niepce, et mourrai si ne me la donnez.

— Ah! respondit la dame, ce n'est que ma niepce et poinct ma fille, et point ne suis maîtresse de son veuil; peut-être ne t'aime-t-elle poinct. Pourtant,

comme te tiens en grande estime, te fais proumesse de t'ayder si je puis.

Ce disant lui passoit dolcement les doigts emmy les cheveux, et soubdain, comme folle prise du mal de messer sainct Guy qui fait danser, se print à sauter et accola le jouvenceau estommi.

— Ah! disoit-elle, mon petit mignon comme je t'aime! Car Loÿs avoit esté jolliment truphé par la Bancroche, qui lui avoit baillé liqueur aphrodisiaque idoine à faire issir les vertus les mieux guardées.

— Ah! reprenoit la dame, comme je t'aime, mon petit clerc cleronnant! mon petit chou d'or, ma petite grive d'amour!

Et disant cent aultres coccigrues, encore l'enserroit contre elle, l'embrassoit très fort; et le clerc se demandoit comment se pourroit arracher de ses mains, lorsque soubdain Thérèse, qui tout observoit par le trou de la serrure, et qui craignoit les chouses aller trop loing pour ce qu'elle aimoit le clerc, entra brusquement dedans la salle.

— Que le dyable barbifie la petite sotte! dist la tante en grande ire.

— Ma tante, fist Thérèse en baissant les yeux, je venois apporter vos heures, pour ce que vecy l'heure d'aller ouïr les vespres.

— Hé! dist la dame de Vertpré, je me mocque bien de vos vespres et de toutes vos litanies, si bien que sans cholère qui conduit aux plus grandes fautes, on l'eust cuydée muée en huguenotte.

Cependant s'en furent tous trois en l'ecclise Sainct-Jacques, la tante marchant seule, Thérèse et Loÿs venant en arrière.

Poinct n'avez mis en oubliance, dames très vertueuses, que la petiote avait beu quelques gouttes du vin enchanté; or, combien qu'elle en eust moins pris que madame sa tante, en avoit été aussy grandement perturbée et eschauffée ; et de ce breuvaige avallé, son pucelaige estoit devenu impatient d'estre desclos.

Aussy serroit-elle très fort entre les siennes la main de Loÿs, et pensez comme lui fust doux d'entendre sa voix lorsqu'elle lui dist :

— M'amy, je t'aime plus que défuncte madame ma mère.

— Ah ! fist l'escholier en poulsant un long soupir, et quand pourrai-je vous voir?

— Venez seul ce soir emmy le jardin ; boutez-vous à l'ombre d'un mur, et vous viendrai treuver aussitost ma tante endormie.

Mais la tante, qui bien estoit décidée à ne point clore l'œil de la nuictée, point ne dormoit non plus en ce moment-là, et combien qu'elle fist mine ne rien entendre, escoutoit tout et en prenoit son proufit.

Ainsy sont parfoys maulgré tout grevés les paouvres amoureux en leur plus chières espérances, et n'arrivent-ils au bout de leur voyage qu'après avoir cent fois failli trespasser mallement.

Adoncques, le soir estant venou, madame de Vertpré, esperonnée comme un moyne qui a mangié des cantharides d'avril, fist benoistement sa prière et commanda à sa niepce s'aller vistement coucher. Et maulgré son maulvois vouloir dut-elle y aller, combien qu'elle eust grand dézir de s'aller pourmener parmi les flours du jardin. Lors la dame verrouilla la porte, lui disant que c'estoit pour que le vent du soir ne lui gastast pas le teint et qu'elle ne prist rhume ne mal de ventre.

De quoy la damoiselle se print à plourer piteusement.

Et voilà doncques nostre dame partie à la recherche du jouvenceau qui jà estoit dessoubs un pommier, tout prêt à cueillir le fruit défendu et à le bellement croquer.

Et les vecy comme par miracle dans les bras l'un de l'aultre, s'embrassant gentement et se barbouillant du museau ainsi qu'amoureux ont coustume de faire.

Loÿs se lairroit trupher à ce jeu, car la tante, combien qu'elle eust passé la quarantaine, avoit les testons francs et fermes, et estoit encore fraische de peau comme beaucoup qui, sur l'heure de la meurté, s'espanouissent ainsi que fruicts oubliés en l'esté de la Sainct-Martin.

— Ah! disoit-elle à voix basse, poinct ne menez bruict emmy l'herbe, car ma tante me tueroit.

Et dolcement s'entrebaisant, s'esjouissant en maintes mignotizes et menues baguenaudes, dolcement allèrent se musser en une grange où treuvèrent feurre suffisante pour se bien esbattre, ainsi qu'il convient, et combien que la dame fust experte en ce jeu et adextre, faisoit-elle la pucelette, lairrant le clerc s'embroiller, et ryant en elle-même de se lairrer moutrer le chemin par un escholier.

Or, entandiz que sans perdre un temps précieulx s'amusoient à briser la paille, damoiselle Thérèse grandement s'esmoyoit en sa chambre, car n'avoit point entendu rentrer sa tante, et bien pensoit qu'elle avoit appoincté quelque farce de sa fasson.

Adoncques s'arqueboutant dessus l'huis et frappant d'un gros morcel de bois le verroil qui estoit vieil et branlant, parvint à sortir de sa prison, dolcement descendist par l'escalier et s'en fust d'aguet au fond du jardin.

Or, vecy qu'en passant emprès la grange entendist la petite chanson qui se menoit là-dedans.

— Ah! disoit la dame d'une voix mourante, ah! mon mignon, ne me lairrez encore! vouldrois estre vostre jusqu'en l'éternité! puis adjouxtoit :

— Ah! si ma paouvre tante le sçavoit!

— Ah! ma petite Thérèse, disoit le clerc, vous aime plus que ma mère, si ce est possible!

Pensez mesdames, et vous bonnes damoiselles, et vous aussy respectables douairières — pensez combien fust grandement estommie la bachelette en oyant ce discours? Or doncques s'approuchant d'eux au moment où la vieille disoit : « Oncques n'aurai joye plus grande qu'estre auprès de toy, » la petiote s'escria souldain :

— Par ma fy! ma tante, si je ai ce plaisir que vous dictes, ce sera doncques seulement en paradis, car pour le moment j'en suis bien desnuée autant de cœur que de chair!

Ce qu'entendant la dame de Vertpré fust moult espoventée, et aussy le paouvre clergeon qui cuyda resver, combien qu'il reconnust bien la voix de sa mie.

— Ah! fist-il en se jectant aux genoils de Thérèse, ah! madame pourquoy me avez-vous aussy vilainement truphé? Oncques n'auray pardon de ma mye à ceste heure, et vais aller m'occire en l'eau de la Vienne!

— Oh! reprint Thérèse, poinct n'est besoing que vous baille pardon d'aulcune sorte, mon beau sire, maintenant qu'estes deveneu mon oncle de si mirificque fasson; plustôt vous doibs-je le respect et rien ne m'en sauroit esloigner, fust-ce le propre lieutenant du dyable.

— Çà! fist aussitost la tante qui reprenoit vistement ses esperits, point n'est besoin non plus de vous guermenter de la sorte et de cryer comme anguille qu'on escorche ou comme pourcel qu'on fend à l'oreille; voicy que vous estes fiancés; je bauldrai autant de ducats qu'en demandera son père pour vostre mariage et tout ira bien à vostre plaisance; ne vois-tu pas, petiote maulvoise, que n'ay fait cela que pour te guarder pucelle?

— Grand mercy, dist Thérèse, me serois bien guardée toute seule!

— Allons, reprint la bonne tante, véez bien meschants enfançons, que le jeu n'en vault point seulement la chandelle; et les entraînant en sa chambre, les embrassa moult afin de faire la paix.

Et là fina la dispute.

Ainsy qu'elle avoit proumis, la bonne dame alla le lendemain treuver messire de Grandcourt, et lui ayant baillé tous les accommodements qu'il demandoit, fust entre eux convenu que le disner des fiançailles auroit lieu le jour d'après, ainsy qu'avoit dict la sorcière. Viandes de toutes sortes, vins et autres liqueurs ne furent point espargnés, et tout le munde s'en fust joyeulsement coucher.

Pour ce qui est de la dame de Vertpré, on asseure, que pour la guerdonner, Dieu lui envoya un bon serviteur ancien homme d'armes, lequel combien qu'il eust moult guerroyé, tenoit encore vaillantement la lysse.

Entendez bien quelle lysse je veulx dire, petites polissonnes que vous êtes !

Ceci est pour apprendre aux tantes à ne poinct ribler leur niepces, et pour preuver que ce n'est poinct toujours cil qui prépare le pain qui finablement le mange.

Là dessus comme le soir vient, avecques vostre espéciale permission, mes dames, m'en vais retourner en mes terres où m'attend la meilleure souppe aux choux qu'ait oncques fait bouillir cuisinière icy bas.

Bon soir, bonne nuict, jouxtez bien, et qu'il y ait beaucoup de cocus ceste nuictée s'il plaist à Dieu !

VI

LA JOLIE FARCE QUE JOUA MESSER SATANAS A UN MESCHANT MOYNE, POUR SERVIR UN SIEN ESCHOLIER, LEQUEL AVOIT PERDU SON LATIN EN CHANTANT VESPRES ET SES PASTENOSTRES EN SONGEANT A LA COULEUR DES PUCELAIGES

A Messire Henry Fouquier, maistre chronicqueur et grand ambassadeur des Lettres de Provence à Paris je baille ceste vieille histoire du temps jadis pour le guerdonner de la grande joye qu'il nous donne et du bel esperit qu'il despend chacque jour à nostre prouflt.

VI

**La jolie farce que joua messer Satanas
à un meschant moyne, pour servir un sien escholier,
lequel avoit perdu son latin en chantant vespres
et ses pastenostres en songeant à la couleur
des pucelaiges.**

Au temps jadis, ne sçais plus quand, et ne le veulx sçavoir pour ce que joyeulsetés n'ont cure de la marche des années, — y avoit au Moustier des Jacobins, un prieur nommé Dom Martin des Gélinettes, lequel estoit dur aux novices et moynillons, et pour les instruire en la crainte de Dieu, leur bailloit meschantement du fouet et de la chorde à douze nœuds à chacque faute qu'ils faisoient, cuydant que rien n'est meilleur pour adextrement conduire le troupeau des âmes emmy les pâturages du Paradis qu'une bonne houssine afin que poinct elles n'aillent mangier le bled noir et autres plantes infernales.

Aussy le veoit-on sans cesse rôder nuict et jour par les préaulx, vestibules et chorridors, espiant les paouvres religieux par les pertuis des portes, les trous des clefs, et les fenestres, se pourmenant, le nez au vent ainsi qu'une vieille louve qui a perdu sa louvetaille ou qu'un maulvois sire qui veut jecter des sorts par la cheminée.

Le dict abbé jouissait pour ceste grande dévotion et sévérité, d'une réputation de saincteté qui s'étendoit jusqu'au fond du Berry et de la Tourraine, et les bons christians de campaigne combien que poinct ne doit-on mal souhaicter à quiconque, eussent bien voulu le voir mourir, afin d'avoir un sainct de plus à fester, parmy les tablettes de leur calendrier.

Oncques ne perdoit un instant à lairrer courir son esperit en routes estrangères et soy reposer au païs des resveries, ains prioit Dieu pour les paouvres pescheurs, pour ceux qui sont emmy les cachots, prisons, bastilles et culs de basses fosses dedans le Purgatoire, pour lui-même, et aussy pour les dapnés, car il cuydoit la miséricorde du Seigneur estre si grande qu'elle debvoit parfoys pour soy divertir, tollir des âmes aux trois quarts cuites et rosties, du grand cocquemart luciférien, pour en faire les varlets des angelots, et les meschines des vierges martyres, dans le plaisant royaulme des cieulx.

Et se morfondoit-il en pénitences cruelles, et douleurs profundes, se graphignant avecques griffes de fer et allumelles aguysées, pour chasser le dyable lequel toujours rôde à l'entour des frocards pour leur faire perdre l'appétit, en ce qui est de la nourriture spirituelle, comme bien vous pensez.

Parmy les escholiers théologiens qu'il tenoit dessoubs son autorité pour gaigner le ciel — seule espérance des paouvres misérables vivants qui sont en ce munde de doulours, plours et larmes, pour se guermenter et douluir du bercel au tombel de par la volonté de madame Eve laquelle apprint ce prime jeu d'amourettes avecques un serpent, à ce que disent les lointaines Escriptures, y en avoit un qui s'appeloit frère Estienne.

Cestuy frère Estienne estoit yssu d'une belle et haulte famille de gentilshommes poictevins et, pourçe qu'il estoit cadet, sa mère l'ayant faict en sa darnière couvée, estoit entré au moustier contre son gré, — combien qu'il eust préféré mener la vie d'adventures et courir la campaigne dessus une bonne jument de combat, plustôt que dire des psaulmes, vespres chanter et chevaulcher les épistres de messer sainct Paul aux vieils bourgeois de Corinthe.

Aussy chacque jour que le Seigneur faisoit, et il en faisoit en ce temps-là aussy bien qu'en cestuy-cy, sept par semaine, sans oublier le dimanche, — le prieur à cause de sa paresse et négligence le menoit-il en sa cellule et pour lui bailler le goust des oraisons le guerdonnait à grands coups de discipline; et nostre paouvre moynillon, au fond de son cœur, jectoit à à tous les enfers et dyables de l'aultre costé du munde, les moynes et le couvent, et tous les maulvois grymoires de dom Martin des Gélinettes.

Or, il advint qu'un jour après mastines, le dessusdict frère Estienne, estant emmy le jardin, songeant à ce villain mestier qui le desbrisoit, et à la male estoile dessoubs laquelle il estoit né, et l'avoit félonnement conduict au cloistre, il advisoit les oisels, lesquels point ne se mussent pour mangier le fruit défendu, pource qu'il n'est pour eux aulcun enfer ; adoncques estoit-il mélencholique de n'avoir oncques veu encore combien qu il eust vingt ans et plus, les testons d'une fille, ni même le ventre d'aulcune dame, sauf celuy de sa mère, dont il n'avoit guardé soubvenance, lorsqu'il vit venir une petite jouvencelle, laquelle enchargiée de grands paniers comme en ont les dames blanchisseuses de Paris, apportoit moult lingeries au couvent, à la place de monsieur son père, qui estoit en son lit fort malade d'une meschante jaunisse qu'il avoit prinse à boire du vin blanc à l'hostellerie du Lyon Rouge.

Et soubdainement, d'angoisseux qu'il estoit devint joyeulx comme une carpe qui vient de treuver un fromaige, car messire Satan qui faisoit sa tournée de chaque jour lui avoit en passant bouté une pensée maligne, afin de bien s'esjouir la rate et soy venger des maulvoisetés du prieur.

Lors doncques, s'estant dolcement approuché de la petiote, lui dist : — Eh ! mignonne, m'amye, que venez-vous quérir céans ? Ne sçavez-vous poinct qu'il n'est d'aussy grand sacrilège et déplaisance à Dieu qu'une femme dedans un couvent, et n'avez-vous poinct paour de rostir vostre corps moëlleux emmy la grande cheminée éternelle ? Si monseigneur Dom Martin vous véoit, vous seriez pendue par le pied senestre au fund d'un puits et navrée par des grenouilles de feu qui mangeroient votre pucelaige à la saulce verte ! Venez çà vitement que je vous saulve !

Et prenant la mignotte damoiselle par le corsaige légièrement l'emporta dessoubs un grenier où les aultres religieux ne la pouvoient voir.

Avec moult discours terrificques et démonstrances lui dist qu'elle debvoit si poinct n'avoit mespris de sa belle vie se deffeubler de ses ajustements de femme pour soy revestir d'une vieille robe de moyne. Et comme elle s'estoit prinse à plourer la consola, et lui presta ayde pour enlever ses habits, et fust grammment esmerveillé et esbaudi tant elle estoit belle et souefve surtout dans l'avoisinage du nombril qu'elle avoit tendre et doulx comme estoffe satinizée.

Puis la couvrit du vieil froc et la fit mettre en sa cellule, où le jour ne venoit guère à cause de la fenestre qui estoit presque aussy aveugle que le pauvre Homère. Et lui dist de se tenir saige et de ne bouger mie, et de lairrer faire le prieur qui alloit venir sur le coup de midi. Et pour lui se mussa dans un coin darrière un ridel. Adoncques, comme il avoit dit, s'en vint Dom Martin des Gélinettes aussitôt que fust sonné l'Angelus.

— Holà! mon chier et benoist frère, crya-t-il, rabroussez-vous que je vous baille vostre pénitence. Mais la damoiselle n'alloit guère en ceste besoigne, aussy le prieur prins de cholère troussa-t-il violemment la robe.

— Oh! oh! Eh! fist-il, veant ces jolies cuysses roses et fraisches et ces belles jambes aussy blanches que laict et tout le reste, poinct ne vous recognois, mon frère, et s'estant approuché un petit poulsa un grand cry.

— Par la barbe de frère Tristan! dist-il, vecy merveille ! je cuydois treuver maulvois moynillon et c'est bachelette à la fleur de l'aage qui me tumbe des cieulx. Dieu soit benoist! Et comme depuis plus de quarante printemps n'avoit joué au jeu de la chemise levée, et que son paouvre cœur s'estoit resveiglé, se mist à dolcement accoler la fille, l'enserrant contre lui, avant de lui monstrer finalement comme moynes vieils ou jeunes sont aussy bons chevaulcheurs que gens de guerre ou aultres.

Et toute tremblante dist la demoiselle : — Oh! monseigneur, poinct me tuez, je vous supplye!

— Oh! monseigneur, poinct ne vouldriez occire ceste paouvrette, dist à son tour frère Estienne, en sortant de darrière le ridel, devant le prieur piteux et desconfit. Poinct ne lui vouldriez faire de mal, reprint-il, et s'estant armé de la houssine, en donna de grands coups sur l'eschine du prieur desbouté, lui disant que c'estoit pour l'empescher de pensier à maulvois, entandiz qu'il n'avoit rien à faire.

Puis ayant prins la grosse clef du moustier, s'en alla avecques la fille devers la campaigne. Lors, parmy les bleds qui se faisoient mûrs, apprint à la jouvencelle la petite amusette qui faict venir les marmouzets emmy le ventre des dames, et l'ayant vaillamment servie, la print pour compaigne ! Et vecy comment frère Estienne devint capitaine de routiers et vint jusque devers Paris avecques sa mye, laquelle le suivoit partout sur une hacquenée noire.

Ceste adventure fist si grand bruyct en la ville de

Chastellerault, qu'il en naquit un dicton que voilà, lequel dist qu'entre moyne et dyable, le dyable est toujours le plus fort. De quoi les dames penseront ce qu'elles voudront pource qu'elles sont encore plus fortes que le dyable. Amen.

VII

D'UN VIEIL GENTILHOMME QUI FUST JOLLIMENT TRUPHÉ
PAR TROIS GUALLANTS TAILLEURS D'YMAIGES

―――――

Pour Messire Armand Silvestre, joyeulx conteur et mirificque adorneur de ballades, j'ai escript espéciallement cestuy conte afin de l'ayder à se soubvenir de ses bons cousins du Chat noir, en son chastel d'Asnières, auprès de sa dolce amye.

VII

**D'un vieil gentilhomme qui fust jolliment truphé
par trois guallants tailleurs d'ymaiges.**

Le vaillant seigneur Jehan de Naintré, après avoir ardemment guerroyé es-païs infidèles pour le glorieux Tombel de nostre doulx Jesus, et s'estant desparti de la croisade sain et saulf aussi bien des males fiebvres d'orient que des lances mahumetanes, voulut pour guerdonner son veneré patron sainct Jehan Levantin de la bonne protection dont il l'avait couvert comme d'une cape enchantée, faire don au dict benoist apostre d'une magnificque chapelle en l'ecclise Sainct-Jacques.

Adoncques pour ce faire et mirificquement adorner toutes chouses, fist-il mander de Tours en grande diligence trois tailleurs d'images sainctes, lesquelz s'estoient illustrés à travailler les pierres en moult cathédrales.

Grand fust l'émoi de par Chastellerault au bruit de ceste entreprise, et tous ceulx qui cognoissoient le gouverneur, venoient curieusement voir comment ces habiles artisans s'y prenoient pour faire yssir d'un morcel de marbre, brut, ord, et villain à l'œil, la vraye pourtraicture des apostoles vénérés.

La vesprée finie, les bons tailleurs de pierres alloient soy rigoller emmy les cabarets et hostelleries de la ville avecques d'aucuns damoiseaux qu'ils treuvoient à leur convenance, et s'esjoyaient le gousier de bon vin du Chinonnois disant tous les gais proupos et gallantes adventures qu'ils avaient colligées en leurs voyages. Et prenaient grand plaisir après le couvre-feu tinté d'aller par les rues chantant pour esveigler les bourgeoys endormis, ne craignant guet n'hommes d'armes pour ce que le gouverneur leur avoit baillé licences et libertés de toutes sortes ; et c'estoient chacque nuictée dolces batailles livrées aux pucelaiges, et assaults de dames en puissance d'espoux, celles-là cognoissant mieulx que toutes les aultres les secrets et ensorcellements du cocuaige.

Parmy ceulx et celles qui souventesfois venoient admirer les faiseurs de saincts, Madame Yseult de Clairveaux estoit des plus empressées — non pas qu'elle fust devotieuse et grande remueuse de paste-nostres — mais pour ce que mariée à un vieil seigneur de plus d'octante hyvers lequel oublioit l'observance de ses debvoirs, elle n'avoit distraction auculne, ni amusement de nulle sorte. Et en prenoit-elle moult à voir travailler ces solides compaignons bastis dessus le modèle du vieil Heraclès. Et comme d'aage n'avoit-elle gueres encore que vingt-cinq années, la dame estoit grandement emeue et perturbée au fond du cœur en songeant à la bonne besogne amoureuse que debvoient faire ces sculpteurs alertes.

Ceulx-cy de leur costé, combien qu'ils fussent respectueux du hault paraige de la dame, courtoisement, la barrette en main, la prioient de s'asseoir, et lui faisoient mille douceurs et compliments, car s'ils n'estoient gentilshommes de naissance, l'estoient-ils de métier et d'esprit.

Ung d'entre eulx par-dessus tout, s'empressoit emprès d'elle lui disant mille mignonneries guallantes, l'asseurant qu'onc n'avoit veu personne au munde qui fust plus qu'elle belle et souefve, et que voluntiers bailleroit sa vie aux fosseyeux et son aame au dyable pour faire en pierre une imaige qui fust sa pourtraicture.

Et la dame dolcement oyait ces tant gracieulses parolles qui par dessoubs son corsaige bien enguarny de naturelles richesses s'en alloient remuer son cœur et desbrider ses soupirs.

Une après-vesprée qu'elle estoit eschauffée un petit plus que de coustume pour ce que le temps cuysoit un oraige en son cocquemart de nuées, dist au guallant lequel s'appeloit Jacques Verdelet, qu'elle seroit heureuse plus qu'elle n'osoit dire, de lui prester sa ressemblance, ains que c'estoit chouse difficile et ardue pour ce qu'y avoit en son logis un vieil serviteur de monsieur son mary, lequel estoit grognard et farfelu plus que de raison, et boutoit la porte au nez à toutes gens qu'il ne cognoissoit. Cependant comme en sa fressure de femme mignotte et pleine de bon vouloir amoureux ardoient chauldement les pensiers, dezirs et resveries que vous sçavez, adjouxta-t-elle dolcement qu'il se pourroit, — messire de Clairveaux estant en ses terres et campaignes pour deux sepmaines au moins — qu'on gagnast l'obstinacion de ce mauvais cinge de varlet par ruse ou par imagination.

Aussitôt lui baisant les mains tandis que les autres faisoient mine de n'y rien voir, n'entendre, le sculpteur lui dist qu'elle estoit plus bonne encore que belle, et que pour faire son imaige, trouveroit pour le lendemain une bonne farce à jouer à ce cerbère infernal de monsieur son mary et lui dit encore mille autres mignotizes et jolies parolles qui sont esperons aux dézirs d'amour, si besoin est que tels dézirs soient esperonnés !

Adoncques, après avoir longtemps devisé en buvant moult flacons, les trois compaignons, ayant demandé secours à dame Vénus, patronne des amoureuses entreprinses, prinrent ceste résolution mirifique qu'il falloit persuader au varlet qu'à peine d'avoir l'aame dapnée, il debvoit, par l'ordre de messire le gouverneur, se lairrer mouler les jambes pour servir à fabricquer celles de monsieur Sainct-Luc.

Et tous, ayant treuvé fort adextre ceste idée qui venoit de la cervelle de Mathieu l'Angevin, beurent encore un vieil cruchon en signe de resjouissance.

Le lendemain doncques, comme monseigneur Jehan de Naintré s'en venoit voir les ymagiers, les treuva tout marris et desconfits...

— Da mes amys, fist-il, qu'avez-vous ? poinct n'avez-vous dormi dessus la bonne aureille, ou quelque preude a-t-elle eu le mauvais goût, de vous vouloir refuser asile en ses linceulx ?

— Ah! monseigneur, respondit Jacques, grande est nostre affliction, et profund nostre deuil, car ne sçavons comment faire pour les jambes de messer Saint-Luc, n'ayant ne moule ne modèle qui puisse servir à parachever nostre statue.

Or, comme ils discouroient ainsi, arriva la dame de Clairveaux, laquelle en bonne mouche esveiglée qu'elle estoit se mit à escouter pensant bien que probablement il s'agissait de l'entreprise à laquelle toute la nuict elle avoit songié, tant est vray que pour dames de vingt-cinq printemps, l'abstinence est chouse lourde, pénible et horrificque à porter.

— Oh! oh! fist le seigneur, et n'y a-t-il aulcunement moyen de treuver ce qu'il vous faut si vitement sans que vous preniez mines plus desconfites que celle du paouvre Abailard après qu'il eust perdu l'entendement;

— Ah! reprint Jacques Verdelet, c'est qu'il nous fauldroit un homme vieil et chenu comme l'estoit monsieur Sainct-Luc, mais ayant guardé les jambes belles comme un jouvencel; et quand aurions-nous prins l'empreinte pourrions-nous tailler à nostre loysir les jambes de notre benoist sainct.

— Est-ce doncques miracle si mirificque à faire que de treuver ce que demandez?

— Las! fist Jacques, nous avons cherché tout au long du jour et rien n'avons treuvé... et vecy pourquoi sommes si grandement navrés et nous gehaignons!

— Ah! dist alors la dame, par la robe bleue de la

Vierge, messire mon cousin, peut-être pourrois-je porter ayde à vos ymagiers?

— Da! fist le seigneur de Naintré, ryant à ventre espani, voulez-vous doncques, dolce cousine, faire pourtraicturer vos soëfves cuysses et jolys molletz pour l'amour de nostre saincte religion?

— Nenny, dist Yseult, et vous estes bien déshonneste mon cousin de me cuyder aussi maulvoise de pensée, mais veulx-je parler de notre varlet Laurent, lequel combien que vieil comme la tourière du moustier d'icy prouche a les jambes aussi gaillardes qu'ung jeune, sinon plus.

— Voilà qui est bien dict, ma cousine, et vous vauldra le plus bel escabel de nuages es-paradiz; ça, reprit-il, s'adressant à son escuyer, qu'on m'aille quérir cestuy Laurent et me l'amène diligentement!

— Non, monseigneur, reprint Jacques, si bien voulez irons incontinent au logis pour ce qu'il nous sera plus commode de mettre fin à nostre besogne.

Adoncques s'estant bien rafraischis pour se remettre de leur alerte desvallèrent au chasteau, tandis que madame Yseult s'en alloit advertir son varlet.

S'en vinrent doncques avecques un homme de la maison de messire le gouverneur, lequel avoit pour mission de faire obéir le serviteur pour la gloire de la religion et le bon plaisir de messire de Naintré. Et maulgré ses cris, juremens et protestations, le deffeublèrent de son hault-de-chausses, et l'ayant assis, lui graissèrent les jambes et lui firent jolies bottes de plastre, tout en lui baillant mille politesses:

— Oh! oh! mon amy, comme vous avez les jambes belles et fermes! Je cognois moult gars à la fleur de l'aage qui voudroient être ainsi partagiés! Sçavez-vous que messire Sainct-Luc sera bien fier en sa niche adornée, d'avoir aussy belles cuysses! Puis lui recommandant de ne pas plus bouger que momie Ægyptiane à peine d'avoir la peau deschirée, en manière de raillerie, l'advertirent qu'ils reviendroient à la nuict close, et qu'il pourroit prier Dieu et se ramentevoir ses litanies antiques pour passer le temps. Et pendant que le paouvre dyable se doulousoit, se départirent les ymagiers, lairrant monter Jacques à la chambre de la dame.

— Oh! oh! fist-elle rougissant autant que sa robbe qui estoit de brocart cardinalice, que voulez-vous donc?

— Rien, respondit le beau sire, rien que vous dire à vos piedz agenoillé, que me vais plonger cestuy poignard dalmaticque emmy le cœur si ne voulez m'aymer un petit, car mort me seroit mille fois plus dolce que vostre dédain et rigueur!

— Dà! respondit la dame, s'esseyant sur un coffre sculpté enguarny d'un coussinet de velours, mais estes-vous fol d'ainsy me poursuivre, et que diroit mon mary s'il venoit à nous voir?

— Adoncques puisque M. de Clairveaux est si soupçonneux et si plein de male jalousie, boutez-moy doncques jà le bonheur en l'aame pour qu'il ne soit poinct truphé! et la poussant doucement dessus le coffre se mit à saccager ses vestements depuis son gorgerin jusqu'à ses jarretiers qu'elle avoit de satin blanc à boucles de diamant ; et cestuy braguard-là point n'estoit de ceulx qui vont marmonner aux estoiles, mais bien sçavent égrener les pastenostres amoureuses.

— Oh ! oh ! m'amy, disoit dame Yseult quand contentée par le hardy chevaulcheur, se lairroit mollement mignotizer pour ce que ainsi qu'es mysteres faut-il parfois baisser la toile — ah ! m'amy, si bien sçavez faire les saincts, je cuyde que vous n'ignorez non plus comment se taillent les enfançonnets, et l'embrassoit tendrement, laissant ses beaux cheveulx couleur de nuictée tomber jusques à ses genoils.

— Ains, adjouxta-t-elle, vous m'avez tollu mon honneur, et messire de Clairveaux me tuera sans aulcun doubte pour le bonheur que m'avez baillé.

Et pendant que jouoient à ces amusettes plus dolces qu'aulcunes aultres, le paouvre varlet lamentablement se gehaignoit, poulsant crys à fendre l'aame des pierres, dysant qu'il alloit mourir, appelant les voisins à son secours ; et de cela les amoureux prenoient soucy comme de leur prime péché, et de la ceinture de madame Eve, car s'estoient-ils remis à travailler diligentement au joly bois de cerf qu'avoient ceste vesprée-là faict yssir du front absent de messire de Clairvaux, et s'aimoient-ils si drument que tout en craquoit et que meubles en dansoient comme sorcières au sabbat.

Le temps passoit dolcement. Adoncques comme s'estoient endormis l'un et l'autre contentés, ainsi que laboureux après le labeur, messire de Naintré, maulgre les tailleurs d'images, s'en vint au logis de son cousin.

Après s'estre gaussé du piteux visaige que faisait le varlet, prisonnier emmy le plastre :

— Ça, villain maraud, dist-il, où est madame ma cousine ? poinct ne la vois !

— Oh ! monseigneur, fist le vieil Laurent, elle est montée en sa chambre et ne sçais en compaignie de quel mauvois dyable, car il s'est mené grand bruict là-haut ! Je crains bien qu'elle ne soit mise à mal !

— Par les triples cornes de Satan, fist messire de Naintré, montons doncques voir ce qu'il en est.

Si fust-il grandement estommi, quand vist le spectacle qui l'attendoit, ains en fust-il resjoui au fond de lui-même, car il tenoit son vieil cinge de cousin en grand mespris, et se mit à rire à rompre les aiguillettes de sa braguette, tant et si fort que les amoureux s'esveiglèrent.

Lors se cuydèrent perdus et dapnés maistre Jacques et madame Yseult, et se jectèrent à ses genoils, lui demandant grâce. Mais lui, respondit qu'il leur bailloit pardon de bon cœur, pourveu que le tailleur d'ymaiges fist de cette hystoire un joli bas-relief pour l'ecclise. Et prenant Jacques par la main : — Dà ! fist-il, te vecy maintenant un peu de ma parenté, et de mon cousinage, beuvons donc un petit avecques dame Yseult et que Dieu tienne longtemps en nostre soubvenance, la jolie fasson des jambes de messer Sainct-Luc !

De ce faut-il conclure que les varlets opposés aux douces resveries et dezirs de leurs dames, sont souventesfoys punis par Dieu ou par le Dyable!

VIII

OU IL EST GALANTEMENT DEVISÉ AU SUBJECT
DU PLUS HEUREUX DES TROIS
POUR MIEULX A CHACQUN RÁMENTEVOIR LES VIEILS PROUPOS
ET JOYEULX PROUVERBES DE FRANCE

A Messire Jules Lemaitre, grand docteur en l'art de pourtraicturer les gens de ce temps, je dédie cet escript pour le remercier d'avoir soutenu les nostres, et d'avoir mis sa plume au service des poètes et des artistes que nous aimons.

VIII

Où il est galantement devisé au subject
du plus heureux des trois,
pour mieulx à chacqun ramentevoir les vieils proupos
et joyeulx prouverbes de France.

Mon beneist patron me garde de bouter reprouches aulcuns aux bonnes gens qui soulent vivre en ignorance, car souventes foys advient-il, que Dieu baille lourdes besaces de joyes et playsirs à cil qui rien ne sçait fors mangier et boire, et faict briller ses bonnes estoilles et lanternes dessus le chief de ceulx qui n'ont rien apprins qu'à forclorre pucelaiges et lire ce qu'est escript entour le nombril des femmes !
La paix du Seigneur avecques la mienne pour tous ceulx qui poinct n'ont brouillé leurs paouvres cervelles emmy les libvres et chevaulché ceste vieille garce de Science, laquelle est toute retraicte, flétrie, bossue et maulvoise aux subtilz jeux de courtines ! Poinct ne veulx-je aultre que jecter petite lumière dessus les jolys prouverbes de France, lesquels tant joyeuls sont, et si plein de saigesse, qu'ils font emmy les Jardins de l'Eternité pallir le vieil Salomon, fils de David, qui jouait de la harpe et de dame Bethsabée qui jouoit des tettins, et aussi la tant belle royne de

Saba qui cognoissoit l'art des charades, et les nonante mille manières de faire l'amour inventées par le trisayeul du dyable !

Adoncques parlerai-je meshuy du *plus heureux des trois*, car suis grandement marry, voir qu'aulcun ne sçaiche d'où vient ceste belle parolle, cestuy cy l'allant querir en Bretaigne, cestuy là à Tholoze, et nul au pays Chastelleraudois où elle est née de la gente histoire que vecy :

Vers le temps que la mère de Triboulét estoit embesoignée de son filz, si grosse du ventre pu'elle cuydoit avoir une sizaine de marmouzets dans les entrailles, pour ce que le sire estoit bossu, et pource qu'il faisoit jà grand bruyct et folies, un gentilhomme de chez nous, qui se nommoit messire de Vellèches se print de querelles avecques un sien voisin, le hault seigneur Faulcon de Vouneuil, tous deux estant d'amour flambans pour les yeux de la même dame.

Ainsy vit-on souvent, pource qu'onc n'y a qu'un parpaillon pour une flour ou qu'un pèlerin pour bayser le pied du pape, mais plutost cent !

La dicte dame qui avoit nom Giselle de Beaumont estoit vefve, son espoux le sire de Beaumont ayant esté occis en une rencontre avecques les Anglois. Friquette estoit-elle, souëve et fraische plus qu'on ne pourroit dire, bien enguarnie de fiefs et de testons rondelets, et chacqun disoit, l'ayant apprins sans doubte de ses meschines qu'elle avoit cuysses si dolces et si blanches, qu'elle seroit royne devenue si l'eust voulu, car depuis longtemps sçait-on que lorsque la cuysse est belle aussy le sont les genoils, et si je parle du genoil, bien debvez croire que ma pensée se pourmène aultre part, car onc ne suis passé emprès des tavernes, sans y entrer boire !

Seulement estoit âgée de vingt-sept ans et estoit de celles-là qui ont le cœur desclos aux processions de dézirs plustôt qu'aux patenostres et aiment mieulx lire le Libvre d'Heures de Lascivité que cestuy où il est parlé d'abstinences et jeûnes ; proubablement cognoissoit-elle aussy plus parfaictement cestuy là que l'aultre, car les marauds et raillards du faulxbourg de Chasteauneuf jasoient moult dessus son compte à cause d'un gentil paige qui la suivoit de matines à vespres et sans doubte de vespres à matines, pource qu'il faut revenir quand on est allé — lequel paige maulgré son tendre aage, estoit basti comme un arbalestrier et capable de despiter le plus rude chevalier qui fust sous le harnois.

Les deux gentilshommes dessusdicts ardoient doncques grandement du dézir qu'ils avoient de tollir ceste beauté, pour en adorner leurs lits de parement qu'ils avoient en ceste espérance joliment enguarnis de brocarts d'or et d'estoffes depuis le prie-Dieu jusqu'au dosseret ! Aussy ne se rencontroient-ils sans bellement mordre leurs chiens comme on disoit au bon vieulx temps !

Chacqun comprendra ce que nos pères entendoient par là !

Souventes foys leurs paysans et vassaux en venoient aux mains s'esgorgetant maulvoisement pour le service de leurs maistres, et de ce souffroit le pays joyeulx pource que querelles et brouilleries engendrent guerres et resveiglent la mort.

Adoncques monseigneur Jacques de Targé qui lors estoit gouverneur de la ville, résolut, pour les bouter en appoinctement et paix, les soummettre au jugement de Dieu, treuvant qu'il seroit ainsy mieulx que de les faire tirer à paille courte comme font les enfançonnets. Fist doncques pryer et mander tous les gentilshommes d'alentour, venir en un grand pré dict de l'Assesseur, lequel longe la rivière de Vienne par devant le vieil cimetière Sainct-Jehan, afin de veoir les deux rivaux vuyder leur berlan d'amour.

Au jour dict, s'en vinrent de tous les manoirs voisins, avecques leurs dames, vestues de leurs plus beaux accoustrements. Les deux soupirants estant entant entrés en lysse, les héraults donnèrent le signal du combat. Dessoubs un grand échaffaud enguarni de ridels à brouderies, messire Jacques de Targé estoit assis auprès de la dame de Beaumont, laquelle estoit mignottement accoudée, s'amusant avecques son grand esmouschail de plumes. Parmy son corsaige fenestré, se véait sa gorge blanche et satinizée; et ses bras nuds, couleur de neige, s'esbattoient gracieulsement, car moult estoit-elle joyeulse de voir tant de munde pour elle accouru, et ces deux chevaliers qui s'alloient chasser l'âme du corps, pour gaigner place en son cœur. Et elle avoit proumis d'eschanger son libre vefvage avecques toutes les menues joyes y contenues, contre le servage d'espouse au prouffit du vainqueur.

Cependant que les deux nobles gentilshommes pourbondissoient emmy l'herbe pleine de rosée, dessus leurs destriers esmerillonnés par le soleil, monseigneur de Targé, grandement émeu du voisinage de la belle, jectoit ses regards alanguis sur les testons d'icelle, s'esmerveillant de sa peau parfumée et lysse comme celle d'un angelot, pensant que pareille garniture de lit en hyver debvoit faire treuver les heures courtes — et que ces deux vaillants coqs avoient raison de s'estocquer et de se vouloir bouter l'éperon au pertuis de l'armure pour les plumes d'une aussy belle gélinette, laquelle poinct n'avoit besoin d'estre rostie pour esveigler l'appétit et contrairement faisoit ardre et griller comme friture tous ceulx qui d'elle s'approuchoient!

Adoncques lui disoit-il mille chosettes, pourmenant sa main dessus les tettins de la dame, tant dolcement, qu'elle en rioit, encore qu'elle feignit d'estre en grand scandale et dépit.

—Ah! soupiroit le rude homme de guerre, mieulx vouldrois-je jouxter avecques vous qu'avecques ces chevaliers, combien que vous soyez armée d'une cuirasse de chair idoine à desvoyer et faire défaillir les plus vaillants! Oh! oh! par ma fy poinct ne saurois desteindre ce qui me brusle à ceste veue! Est-ce fer que je touche? Par saint Jacques mon patron, quoi qu'on die de madame Venus, je cuyde qu'elle n'avoit roses aussi dolcement flouries que ceste icy!

Entandiz que la dame se trémoussoit disant : « Lairrez-moi! vous allez detrayner mon paouvre honneur! »

la main du bon soudard s'esguaroit toujours, devallant emmy l'estoffe de soie ; et tout en monstrant les combattants qui rompoient leurs lances, s'escorniflant du morion, caressoit-il gentement les genoils de la dame dysant : « Quelle belle robbe avez, ma princesse ! Diroit-on pas chappe d'évesque ! »

Adoncques cheminoit la dessusdicte main devers ne sais où que vous savez bien, par le chemin des jarretiers, lorsque le cheval de messire Faulcon de Vouneuil, frappé d'un grand coup à la teste, tomba emportant avecques lui son maistre qui poulsa un grand cri.

Et la dame estant devenue toute blanche tumba en défaillance d'esperit, emmy les bras du gouverneur.

Sitôt, cestuy-ci fist quérir ses gens, et pendant qu'on donnoit soins au vaincu, fist en grande diligence porter en son logis la paouvre dame, laquelle demeuroit pasmée, et palle ainsi qu'un lys. Et luimême, s'empressoit avecques la meschine à desbrouiller le corsaige de la dame, laquelle sembloit morte plutôt que vifve, et l'étendant dolcement emmy le lit l'affranchissoit de ses robbes, cottes et bijoux, la deffeublant jusqu'à la chemise de peur que s'il restoit un seul fil dessus son corps, ce fil ne l'etouffast ainsi qu'on a veu souventes foys, ce qui a faict dire des gens grandement navrés que leur vie ne leur tient plus au ventre que par un fil.

Cependant ouvrit l'œil la gente dame, et se véant toute nue comme un mirouer devant le gouverneur flambant de dezirs, se print à plorer moult, dysant qu'estoit perdeue, et que plus n'avoit qu'à mourir, et pryoit madame la Vierge de la bien vouloir prendre en sa miséricborde!

— Oh! nemmi ma dame, fist le sire de Targé, fauldroit Dieu avoir perdeu sa justice pour qu'il voulsît vous tollir la vie, car si bien le voulez, serez ma dame, et sera cejourd'huy le premier de nos fiançailles.

Et la dame à qui pesoit le vefvage plus qu'auculne croix tant lourde fust-elle, se laissa persuader, et dist que son vueil n'estoit aultre que le sien.

Lors, ayant renvoyé la chamberière, le vaillant sire monstra incontinent ce qu'il entendoit par le prime chapitre des fiançailles, chapitre ou plustôst il parla d'accordailles et d'aultre chouse, et si bien accorda que la dame en fust boutée en grandes joyes et délices, cependant que les deux chevaliers desconfits et malcontents, se morfondoient en l'*hostellerie du Léopard*. De ce faut-il conclure, ainsi que dist maistre Tinchant, que toujours n'est point la récolte, à cil qui a jecté la semaille.

Un mois plus tard, messire Jacques de Targé espousa la dame de Beaumont en l'ecclise Saincte-Catherine, et de ce fust *le plus heureux des trois*.

Et trois garçons lui fist, lesquels estoient jolys et sades comme pomme de primevere, desquels le troisieme ressembloit moult au paige de la dame, pour raisons que plus tard diray afin de preuver que le plus heureux des trois poinct ne sauroit empescher le quatrieme.

IX

OU IL EST PARLÉ
DU DANGIER DE BLASPHÉMER DIEU LA NUICT DES NOPCES
ET DU DEUL QUI DE CE,
ADVIENT AUX ESPOUX QUAND ILS SONT VIEILS

A Messire Hugues Le Roux, lieutenant général de la Chronique parisienne, je baille cestuy conte en soubvenir des vesprées avecques lui passées en la salle des Archives du Chat noir.

IX

**Où il est parlé du dangier de blasphémer Dieu
la nuict des nopces
et du deul qui de ce, advient aux espoux
quand ils sont vieils.**

Au temps où le roy Loys le unziesme, qui fust bon prince, maulgré ce qu'en disent les maulvoises langues, lesquelles se complaisent à tout maschurer et contaminer ainsi que limaces ordes et meschantes viperes ; au temps doncques où le joyeulx chastel de Plessis-lez-Tours, lequel debvoit devenir terreur pour les enfançonnets à cause de messer Tristan l'Hermite qui s'estoit faict le grand maistre de la croquemitainerie, — en ce temps-là, dis-je, existoit en la ville de Chastellerault un gros bourgeois cramoisy de la trogne, lequel s'estoit enrichi dans le commerce des coustels, voire même des pertuisanes, et vivoit bien à son ayse, mangeant et beuvant à son gré, combien qu'il eust essuyé moult estrifs et peines avecques défuncte sa dame, qui mourut de la fiebvre quarte.

Mais vous le sçavez mieulx que moy, treuver dessus ce munde, fust-ce ès-païs africains, un homme content de son sort, seroit chouse plus ardue et ma-

laisée que de refaire les travaux mirificques de messer
Heraclès ou que gaigner le Paradiz au passe-dix. Cil
se guermente d'estre trop vieil, un aultre ploure pour
ce que cheveulx blancs sont trop lents à lui poulser au
chief, et le troisiesme voudroit mangier tartres lorsque grives lui sont descendeues toutes rosties de la
céleste cuisine.

Et par villes et villaiges ne peut-on ouir que lamentations à l'instar de messer Jérémie, tant y a bonnes
gens en ce munde qui poinct ne s'accomodent de leur
part de gasteau.

Cestuy bourgeois icy dont veulx vous parler, combien qu'il eust richesse sans nombre pour ce que son
fer s'estoit mué en or, se morfondoit en mélencholie
noire et profunde, de vivre seul en son trou comme
un vieil renard, et n'avoir nulle petite caille coëphée
pour lui reschauffer la vue et l'esperit. Aussy print-il
un beau matin la résolution d'espouser la fille d'un
sien voisin qu'il avoit veu élever dessoubs son œil,
sçachant bien qu'il ne seroit point truphé à prendre
ceste marchandise pour ce qu'elle n'estoit point encore
mangiée des vers de la galanterie, et qu'oncques n'y
avoit touché ceste beste malivole et diabolicque que Pline
l'Ancien souloit appeler le « *charançon du pucelaige* »,
à seule fin de la distinguer des aultres de la famille,
lesquelles s'attaquent voluntiers aux bleds, avoines et
aultres grains pour le déplaisir du paouvre munde.

Ceste damoiselle avoit d'aage dix-huict ans environ.

Si la bonne ville de Chastellerault, à bon droict,
depuis un long temps se donnoit l'honneur de bailler

les plus jolies filles du Poictou au royaume de France, asseurément pouvoit-elle estre fière de ceste petiote dont icy je parle, car ceste Catherine, avecques ses cheveulx peignés par le Dyable et ses yeux bleus, avoit le nez gracieulx comme cil d'un ange, la taille fine et les dents plus blanches que les grains d'ivoire qui estoient enchaisnés d'argent et d'orfevrerie aux pastenostres de madame Anne de France, laquelle ainsi que chacqu'un sçait demouroit alors en son hostel, à main senestre, au fond du bourg de Chasteauneuf.

Bien estoffée du gorgerin, qui est le plus souëf morcel que gens de table aient jamais préféré parmy les volailles à rostir ou aultres, large de la hanche comme bonne païsanne, ceste jouvencelle avoit avecques jambes et cuysses déificques, pieds et mains si petits, que duchesses de haulte venue, roynes et voyre même emperières en eussent été ravies et esmerveillées, et si vous voulez sçavoir pourquoy, vous dirai dans l'aureille qu'en sa prime jeunesse madame sa mère s'estoit souventesfoys divertie à cocufier monsieur son mary avec un gentilhomme qui l'aimoit plus qu'on ne sauroit faire, et lequel estoit de sang quasi-royal.

Combien qu'elle eust au fond de son cœur inclination plus plaisante que s'accoincter au dessusdict bourgeois qui avoit nom Jehan Boreau, eust-elle esté bien empeschée de faire aultrement pource que son père avoit en son esperit décidé qu'elle seroit la femme de ce vilain cinge. Et son père estoit un de ces vieulx testus enraigés qui se mocquent bien des amours de leurs filles et desquels il est coustume de dire lorsqu'ils ont dézir ou phantaizie : « Ce est comme si le tabellion y avoit passé ».

Aussy de ceste volunté cruelle et félonne la paouvrette estoit-elle griefvement navrée, et grandement se doulousoit, vu que le guallant avoit jà carillonné la cinquantaine, et estoit chaulve comme genoil de vierge et droict à peu près comme une faucille, maulgré ses biens et son argent, car si richesses ont raison de toutes chouses en ce bas munde, encore n'ont-elles pu, jusques icy, rendre leurs mandibules aux vieillards, et faire vaillants aux déduycts amoureux, ceulx à qui la Nature a robbé le précieulx thrésor de braguette.

Pour ne poinct celer la vérité — ce qui seroit pesché véniel, dont point ne veulx m'enchargier la conscience, — doibs-je dire qu'aux vendanges passées nostre damoiselle avait eu l'âme moult perturbée ainsi que le reste par un gentilhomme nommé Robert de Grandmurier, et de ce me garderai bien de lui faire reprouche, car ce jeune seigneur estoit de ceulx qui font ardre les yeux des filles, pucelles ou non, et forclosent les pucelaiges avecques autant d'abandon que les marmouzets prennent des mousches.

Mais comme toutes chouses n'adviennent icy-bas que si le Dyable ou Dieu y mettent leur consentement, la damoiselle, alors que ce mauldict mariage se cuisoit en la marmite paternelle, n'avoit pu chercher ayde ne secours emprès son bien-aimé, pource que cestuy-cy estoit fortement embesoigné en des guerres lointaines ; car s'il avoit esté en le païs l'eust-il servie oultrement pource qu'il lui vouloit plus de bien que de mal, comme bien vous pensez. Le sire de Grandmurier n'estant en son logis rentré que le matin de la nopce, force fust donc à la belle, maulgré plours et meshaings, de se coiffer du chaperon de roses et de prendre la robbe blanche, pour s'aller faire marier en grande pompe par monsieur le curé de Saint-Jacques.

Lermes ne vous viennent-elles poinct dessoubs l'œil et tristesse de dessoubs le corsaige, mes gentes dames, en songeant au visaige mélencholieux qu'avait ceste souëve gélinette en son plumage d'amour, droicte en ses longs gippons que le vent faisoit bruire et sauter, marchant aux costés de ce vieulx aux genoils cagneux, ord et cassé, qui plustost sembloit en poinct pour passer la nuict avec la ribaulde Camarde que pour armer son lict bourgeoys d'aussy jolie chair d'amour?

Comme messire Robert de Grandmurier estoit prouche voisin du sieur Boreau, il avoit esté prié à la nopce ainsy que le veulent les usaiges et coustumes de la politesse françoise; aussy tenoit-il fièrement son rang parmy les chiquanous, bourgeois, marchands et eschevins qui là se treuvaient, gaillardement sanglé dans son pourpoinct de fin brocard brodé, le poing au baudrier et faisant hault carillonner ses esperons dessus les dalles, car il estoit le seul chevalier de la cérémonie, et sa teste dépassoit de toute sa hauteur toutes les testes cheneues, en penaudes des aultres bonshommes de la compaignie.

Ah! pour son salut éternel, et pour toutes ses joailleries fines, Catherine eust souhaicté plustôt qu'es-

corter ce vieil homme, tenir sa petite main sur le poing ganté de fer du gentilhomme.

Aussy, combien que Destins, Hazards et Fatalités n'eussent pas permis qu'il en fust ainsy, se destourna-t elle en passant devant lui; et sous couleur et prétexte de rajuster son voile de mariée qui se desnouoit, le reguarda avec des yeux si pleins d'amour et de passion, qu'il en entendit bruire son cœur dessoubs son armure, et qu'il l'eust sur l'instant dérobbée à son meschant mary, si projet plus saige ne lui estoit veneu en contemplant la pourtraicture de messer Sainct-Jacques, laquelle estoit de pourpre, d'or et d'azur, peinte sur une verrière au dessus du grand portail de l'ecclise.

Cuydant alors que cet amour si grand entre eulx deux n'estoit né qu'avecques la permission de madame saincte Catherine, benoiste patronne de la dolce épousée, messire de Grandmurier, gracieulsement, du bout de son gantelet, lui envoya un baiser.

Ainsy advient-il souventesfoys, que maulgré le maulvois dézir et la félonne voulonté de leurs parents amoureux se baillent l'un à l'aultre sans seulement sonner mot, en moins de temps qu'il n'en faut à une puce pour sauter du ventre aux testons d'une dame dont elle veut boire le sang moëlleux.

Lors la jouvencelle sentit espérance lui revenir à l'âme, ainsy que noyé qui prêt à trépasser treuve une branche au bord de l'eau, — cuydant bien que pour se rapprocher d'elle et la tollir à son vieil espoux Robert feroit faire quelque miracle, et qu'il demourroit vainqueur du tournoi dust-il aller trouver les marchandes de magie blanche et aultres entrepreneuses de sorcellerie. Aussy quand le bon prebstre tenant entre ses detz benoists l'annel de mariage dist:

— Vous plaist-il mon enfant avoir pour espoux monsieur Jehan Boreau icy présent?

— Oui ! fist-elle d'une voix claire et si joliment que tout le munde en fust esmerveillé.

Ains dans son coing le sire de Grandmurier ne fust poinct truphé à ceste faulse joye, et cuyda que c'estoit là ruse de femme, pour brouiller l'entendement des mieulx advisés.

Le dessusdict seigneur de Grandmurier estoit de grande et haulte race. petit nepveu d'un pair de France, et prouche cousin du gouverneur de la ville, aussy lui fust au souper baillée la place d'honneur à la dextre de la mariée.

Ce dont il eust grande joye et vif plaisir, car de ceste fasson avoit-il le loisir de lui serrer par dessoubs la table le pied et la jambe; et souventesfoys se penchant devers elle lui souffloit à l'aureille dolces parolles, et soëfs compliments, la priant de se tenir en bon espoir et d'avoir fiance en lui, car avoit-il juré sur la châsse de saincte Catherine de prendre au vieil barbon ceste jolie flour que vouloit cueillir de ses mains tremblantes et dont il avoit, lui, si grand dézir d'adorner sa vie et son honneur de chevalier.

Et c'estoit grand triumphe et joye de voir ceste belle espousée qui rougissoit, ryant fort et s'alanguis-  sant ainsy que rose de may dessoubs les baisers de primevère.

Encore qu'il lui fist dessoubs la nappe moult menues caresses et mignardises devisoit-il fort joyeulsement contant à toute la compagnie histoires gaillardes, haultes en graisse, idoines à desbrider les braguettes les mieux verrouillées.

Et de ce, toutes les dames s'esjouissaient bellement, car bien qu'elles fassent mine du contraire sont-elles, et seront-elles toujours grandement friandes de ces petites salaisons que si bien sçavoient inventer nos aïeulx.

Mais las ! ce joly temps s'en est allé avecques les neiges du bon Villon, et les parchemins du seigneur de Bourdeille ! Maintenant défense est faicte au paouvre munde de s'esbaudir et se rigoller au soleil ! Et entandiz qu'à l'ombre, les meschants barbotteurs de cestuy siècle s'amusent à compter les maulvoisetés de la vieille Rome et de la mauldicte Gomorrhe, plus n'est permis de baiser sa mye à peine d'estre jecté comme grenouille au fond d'un cul de basse fosse.

Non! ce joly temps n'est plus! et je le sçais bien mieulx qu'aulcun aultre, moy qui suis chacque jour que faict Dieu persécuté par quelque lieutenant de messire le prévost comme si estois hérétique ou faulx monnoyeur, et non conteur de joyeulses histoires?

Ah! sans doubte seroit moins grande ma peine si tombois entre les mains de la cruelle inquisition, car ceste-là poinct ne me bailleroit la question de l'eau, ne poire d'angoisse, pour le grand crime que je fais qui est de bailler à boire aux tailleurs d'ymaiges, peintres, ymaigiers, gazetiers et gentils poètes de France en mon logis du Chat Noir!

Ne cuydez pas que me veuille guaimenter sur ces chouses; Dieu m'en gard! grand regret, et amère désespérance me viennent seulement de n'estre plus au bon temps jadis où l'on se rigolloit si galantement?

Pour tout le reste je m'en mocque comme d'une aulne de politicque; je sçais que treuverai parolles et discours à ma plaisance lorsqu'irai m'agenoiller devers le trône de nostre très redoubté seigneur Jules Grévy, duc de France? Car cestuy-là sçait bien en sa grande sapience qu'il n'est poinct léal de tourmenter les trouvères, poètes fols, joyeulx et musiciens, et que mieulx faut-il chanter virelais et ballades que d'aller se faire rompre la maschouère es-contrées estranges ou conter menteries au paouvre peuple!

Ains, vecy assez discourir emmy le champ du voisin, lairrons les meschants au dyable, la bénédiction de Dieu dessus la cheminée de l'Élysée, et retournons à nos agnels !

Adoncques, proufitant d'un moment où la compagnie escoutoit chanter un vieil advocat lequel d'une voix cassée et faulse gazouilloit :

Les beaux lilas blancs qu'aimoit tant m'amye...

messire de Grandmurier se penchant auprès de Catherine, lui dist prestement :

— Ma petite colombe, oyez bien de toutes vos aureilles, l'histoyre que vais conter, et tenez-en vostre proufit ! Si vous faictes ce qu'allez entendre ce n'est poinct au lict de Boreau que passerez la nuict, mais au mien, où tant aurez soulas, et joyes, qu'en cuyderez mourir !

— Holà ! crya doncques le chevalier, en heurtant la table de sa coupe, escoutez un petit que je vous conte une adventure mirificque. Cela se passoit au païs d'Hespaigne, il y a long temps...

« Adoncques, fist Robert, y avoit jadis à Saragosse un orphebvre, lequel en sa vieillesse print résolution de soy marier, combien qu'il fust piteusement ravagé par l'aage et le temps. Il choisit une petite Hespaignolle frisque et joliette, laquelle estoit plustot riche en beauté que de l'escarcelle, car de ce costé n'avoit-elle guère qu'un vieil annel d'argent qu'elle tenoit de sa mère-grand. Mais elle avoit l'œil si noir et scarbillat que le vieil homme y voulut venir brusler le bout de ses aesles, maulgré qu'elles fussent cassées depuis un long temps.

Or, après qu'il eust joyeulsement souppé avecques ses amys, princt avecques l'espousée le chemin de la chambre. Pensez si l'eau lui en venoit à la bouche... Mais comme la pucellette s'agenouilloit pour bailler à Dieu sa prière du soir...

— Ah ! fist l'orphebvre, poinct n'avons besoing de pastenostres... le dyable nous servira mieulx à ceste heure-cy que tous les angelots du Paradiz et d'alentour. Je t'apprendrai tost quand serons emmy les linceulx, une petite oraison qui sera grandement de ton goust. Ainsi deffeubles-toi légièrement de tes atours, tandis que je vais aller verrouiller l'huis et deschaîner le chien dans la cour...

Mais qui fust en grande desplaisance quand il revint ? Pensez que ce n'est aultre que l'orphebvre, car ne treuva personne dans le lict; trace ne vestiges n'estoient plus de sa femme fors ses robbes de satin, sa chemise et ses pantophles. Le rusé Satanas qui se pourmène à l'entour de ceulx qui blasphèment Dieu avoit enlevé la petiote et oncques personne n'enentendist plus parler; et pourtant on fist recherche d'elle pendant plus de dix jours et dix nuicts à grand renfort d'hommes d'armes dans la ville jusques à douze lieues à la ronde !

— Vere! fist Boreau, en prenant un flacon Chinonnois, je jure sur ma fy que messer Satanas ne

viendra poinct me monstrer ses cornes en païs chastelleraudois; dyables ne sont plus aussy adextres en ce temps-cy.

Et tout le munde se reprint à boire en ryant, cependant qu'en l'aureille senestre maistre Robert disoit à Catherine :

— Ainsy ferez-vous, lorsqu'aurez esloigné vostre vieulx sorcier de mary, et par un des linceulx de vostre lict ou par quelque aultre drapel, vous lairrez choir au long de la fenestre, car seray à vous attendre darrière un mur avecques mes gens, et tost vous conduirons-nous en ma métairie de la Belandière.

— Oh! fist à voix basse la mariée, comme je t'aime mon mignon! et comme j'accepterois ma part d'enfer pour t'estre compaigne et servante une nuict seulement!

Ores quand furent bien enguarnis tous les ventres desboutonnés des nopceurs, le joly coup de minuit s'estant descroché au beffroy du vieulx palais, se leva nostre vieulx cinge et dist :

— Oh! oh! mes bons amys, vecy que je vais vous dire le bonsoir, car la nuict est courte pour toutes chouses qu'ay à enseigner à ma gente femme. Veez, comme elle est pasle de fatigue! Je cuyde qu'il lui seroit bon de dormir un petit!

En vérité, la paouvrette estoit pasle comme l'aube du bon curé de Sainct-Jacques, mais ce estoit plustost de la grande émotion que boutoit en son cœur la pensée de ceste entreprinse.

Adoncques chacq'un et chacq'une s'en vint baiser les mains de la mariée, et jusqu'à ce que le darnier eust tourné les talons ce ne furent que proupos salés comme il est coustume en trousser après boire le soir des nopces.

— Ah! ah! disoit en branlant du chief le vieil advocat Guillaume de Vasivoire, je vouldrois bien voir le joly tournoi de ceste nuict-cy.

— Oh! ma chière cousine, prenez garde à l'anguille

qu'aviez mangée tantost ! souventesfoys perturbe-t-elle la nuict !

— Prenez bien soin de fermer l'huis ! vostre mary ne manquera d'y venir heurter !

— Je cognois un pèlerin qui sans chandelle trouvera bien sa chapelle !

— Ah ! disoit un vieil marchand, je vouldrois bien aussy posséder chemise de pucelle pleine de chair vifve !...

— Méfiez-vous de l'enflure ! chevaulcher engroisse ! telz capitaines sont comme tonneaux deveneus à ce mestier-là !

— Ce n'est point en l'aureille qu'il vous boutera l'entendement !

Et cent aultres billevezées comme bons raillards ont l'accoutumance d'en dire en pareil cas. Plus n'en ay la mémoire pource qu'estois pour le quart d'heure un peu trop petit ! Aussy ne vous baille que cestes-là pource que les ay ouï dire par mon grand'père, lequel les tenoit de sa mère-grand à qui les avoit contées un sien grand'oncle, lequel les avoit apprinses d'un vieil moyne fort sçavant en toutes chouses, et qui parloit le latin aussy bien que nostre seigneur l'Evesque.

Ayant ainsy lasché bourdes et compliments et vuydé leur sac, les gens de la compagnie s'en furent d'aulcuns avecques leurs dames, d'autres avecques leurs amyes, et un vieulx tout seul.

Gromellant moult après eulx, s'en vint doncques nostre sieur Loreau pour accoler sa bonne femme, mais vecy qu'elle lui dist :

— Maulgré toutes vos mocqueries, poinct ne veulx coucher auprès de vous sans avoir prié ma benoiste patronne afin qu'elle me baille courage, ayde et soutien pour vous supporter, car vous ayme autant que gale, peste et lèpre asiaticque ! Aussy lui dist aultres chouses aimables de la même farine si bien qu'en demoura tout estommi le paouvre vieulx disant :

— Oh ! ma mignotte, moi qui vous aime tant ! Et si débouté estoit-il que ne treuvoit rien aultre à dire.

Puis adjouxta piteusement : Despeschez ! ma mignotte, car je suis jaloux de saincte Catherine.

— Allez donc maulvois, reprint-elle, allez donc plutost que blasphémer encore, allez vous musser emmy le grenier et seulement viendrez quand vous appelleray dans l'escalier.

Lors barbottant gramment entre ses vieilles maschouères, s'en fust maistre Boreau que le doigt de Dieu avoit marqué pour estre si joliment cocu ; car poinct ne mettez en oubliance qu'il l'avoit jà esté oultrement avecques sa prime femme qui s'appeloit Marie-Loÿse.

Si tost fust-il desparti, Catherine s'approucha dextrement de la fenestre, et vist au coing de la rue, messire Robert qui faisait le guet avecques ses gens dessoubs la lune.

Adoncques vistement se print à jecter dessus le plancher, voile, chaperon, robbes, gippons, corselet, gorgerin, souliers, annels, et bijoux. Puis estant veneue à la chemise n'osoit s'en deffeubler; ains, songeant soubdain à son vieil marchand de coutels, la dessira d'un seul coup de hault en bas.

Et estoit ainsi toute nue et deschevelée, plus belle que statues des païens lesquels ont taillé parmy les marbres et pierres, les plus mirificques pourtraictures des déesses du vieil temps.

Lors, dextrement noua ses linceulx à la fenestre et comme marmouzet qui revient de querir un nid se lairra glisser mollement jusqu'à terre.

Ains vecy qu'à peine estoit-elle là, le veilleur qui

cryoit les heures par les rues, desboucha par le carrefour du vieulx palais chantant :

> Il est une heure après minuict :
> Resveiglez-vous gens qui dormez,
> Priez pour les âmes amies ;
> Il est une heure après minuict :
> Priez Dieu pour les trépassez ;

Pensez mes joyeulses dames combien eust grand paour la paouvrette se serrant contre la muraille, toute tremblante ainsi qu'ægyptiane que le bourreau va escorcher, cependant que le veilleur esbahi cuydoit voir ange descendu des nuages.

Mais à peine eust-il le temps de s'estommir. D'un bond messire de Grandmurier sauta sur lui et d'un si rude coup le guermenta qu'il en cheut avec sa lanterne, l'un autant navré que l'aultre le long du pavé.

Et tandis que la petite s'esmoyoit encore, les yeux pleins de larmes, vitement le chevalier la couvrit de son manteau, et l'ayant mise dessus son cheval blanc, s'en fust au galop, la serrant contre lui, ainsi que prebstres le divin viaticque, lorsqu'ils le vont bailler aux moribonds.

Et tost furent-ils à la Belandière, où se réchauffèrent gentement au joly combat que sçavez bien, auquel sont baisers les coups de lance, baisers encore les coups d'épées et baisers aussy les coups de masse !

Quand notre paouvre Boreau las d'attendre revint en la chambre, plus ne treuva de l'oiselle que son plumaige; à ce vist-il qu'en pays chastelleraudois aussy bien qu'en Espaigne, Satan guerdonne de la même fasson les marys sacrilèges.

Grand fust l'émoy en mon païs de ceste adventure, car plus n'eust-on nouvelles de la jolie bachelette. Avecques messire de Grandmurier s'en fust en guerre; tousjours furent en liesse et firent moult petits bastards mignots et roses comme angelots, lesquels devinrent vaillants hommes de guerre, et dolces dames de cour.

Et ce dict, mesdames, vous tire ma barrette, vous pryant ne point me treuver trop indigne de vous bailler amusettes et passetemps!

X

LE JOLY TOUR QU'INVENTA UNE CHAULDRONNIÈRE POUR TRUPHER UN VIEIL GABELLEUR ET ENTRETENIR SES AMOURS AVECQUES UN GENTIL DAMOISEAU

A Messire Guy de Maupassant, pour la grande admiration qu'avons de son talent sans pareil et de son esperit perspicace, auquel bourgeois eux-mêmes, rendent hommaige, je abandonne ceste histoire joyeulse; et la lui baillant, je supplie nostre bonne dame la Vierge, de permettre qu'elle le fasse rire un petit une de ces vesprées, ainsy que ceste-là qu'il aime.

X

Le joly tour qu'inventa une Chauldronnière,
pour trupher un vieil gabelleur, et entretenir ses amours
avecques un gentil damoiseau.

En la rue du Cygne-Sainct-Jacques, y avoit aultrefoys à Chastellerault un maistre chauldronnier qui avoit nom Jacques Cocherault. Cestuy artizan dont la bouctique estoit à l'enseigne du Grand Sainct-Eloy estoit moult renommé en la ville ainsi que dans la campagne d'alentour, pour sa grande habileté à parfaire cocquemards, chauldrons, casseroles, poesles, hanaps, fontaines, piots de fer, et voire même les hanaps damasquins, comme seigneurs en avoient pour boire le vin frais.

Aussy sa forge estoit-elle toujours pleine d'apprentifs, cil tirant le soufflet, aultres battant du martel, aultres boutant le fer au feu, tandis qu'aulcuns alloient quérir l'ouvrage par les rues. Et les escus tomboient drument chez nostre bonhomme, car avoit-il aussy femme jolye et fraische, bien en poinct et baillant soubriz à tout le monde, laquelle, si bonne est ma soubvenance, se nommoit Jacqueline Delaveau.

Ores, sçavez combien gentes femelles sont bonne enseigne pour bouticques, et si possible seroit treuver meilleur appeau pour attirer les achapteurs.

Ceste Jacqueline Delaveau dont icy je parle estoit la fille d'un maistre charpentier qui avoit faict la grande cage des cloches de l'ecclise Sainct-Jehan, et pour ce estoit-elle bien considérée, car oncques carillon ne s'estoit plus joliment esloché ni plus joliment comporté. A ceste heure-là elle avoit encore l'aage de faire penser les amoureux, car venoit-elle de toucher la trentiesme année, qui est le moment où femmes sont pleinement espanies de visaige, de corsaige et d'ailleurs; aussy est-ce en ceste saison que bons braguards ayment mangier les cailles pource qu'alors sont grandement instruictes des mille menues mignotizes et farces secrètes du doulx mestier d'amour.

Pensez bien qu'elle ne chômoit guères la luronne, car le labeur finé, maistre Cocherault ne dédaignoit mie, après avoir mis en poinct chauldrons d'autruy, venir un petit chauffer le sien.

Parmy tous les guallants et muguets qui sous couleur de reguarder l'enclume venoient en la journée rosder à l'entour des gippons de Jacqueline, treuvoit on plus qu'aulcun aultre un certain messire Marquet de la Foucaudière, lequel avoit esté par ordonnance espéciale du roy, enchargié du maulvois travail de relever dismes, gabelles et tailles en la ville de Chastellerault.

Cestuy bonhomme avoit à peu près la mine rebourse d'un vieil cinge qui mange vieulx morcels de bouteilles pour se graisser l'estomach; tant avoit rides par le visaige qu'on eust dict vieille vessie; ses petits yeux de renad estoient à leur frontière adornés de paupières qu'on eust cuydées faictes avec vieil jambon d'Hespaigne; sa bouche, d'où toutes les dents s'estoient desparties, sembloit gueule de grenoille qui chante vespre; ses aureilles estoient comme aureilles de pourcel, et pour parachever la pourtraicture, diray qu'il avoit le col long, maigre, et retraict comme cil d'un vieil dindon lorsqu'il est plumé.

Ah! si aviez veu le joly gentilhomme que ce estoit, madame, incontinent en fussiez folle devenue; le gentil dos vousté qu'il avoit, et genoils cagneux comme genoils de mendiants d'ecclise, lesquels passent leur paouvre et dolente vie à prier Dieu à l'huys des chapelles afin d'avoir croustes à se bouter dessoubs la dent.

Aussy estoit-il terrificquement redoubté des enfançonnets à qui disoient sans cesse les meschines : « Si ne manges ta souppe m'en vais quérir le gabeleur ! — Si compisses tes pantophles, le vais aller dire au gabeleur ! »

Et marmouzets de redevenir saiges ainsy qu'ymaiges de libvres d'heures, comme si miracle fust soubdain descendu dans leurs bourrelez.

Ains combien qu'il fust plus laid, ord et villain que les sept peschés capitaux et que leurs nonante neuf varlets horrificques, n'estoit pas trop débouté par Jacqueline, laquelle, en fine mousche qu'elle estoit, ne vouloit se fascher avecques un aussy gros personnaige.

Et de ces poursuites qui ne menoient à rien, chasses où gibier manquoit, repeues où falloit jeusner, grande cholère estoit veneue au vieil homme avecques dézirs nouveaux ; aussi avoit-il juré de soy venger si la belle continuoit à lui faire mocquerie. Et estoit capable de ce que proumettoit, car guères n'avoit plus d'ame ne conscience qu'un villain juif, et voulontiers auroit bouté l'homme et la femme dessus la paille paouvres et nuds ainsi que Job pour avoir satisfaction à sa phantaizie.

De toutes ces chouses et d'aultres encore qu'il disoit entre ses mauldictes badigoinces, n'estoit gramment rasseurée dame Jacqueline, car depuis une sepmaine environ s'estoit prinse à aimer mignonnement et à plaisantement servir un gracieulx gentilhomme qui n'avoit guères plus de poil au menton que pucelle, et portoit le nom de Sylvain des Eglantiers.

Oncques ne lui jecterai la pierre, et à vous, madame, fais prière de ne la lui jecter, car faut-il poinct prendre pitié des paouvres jouvenceaux auxquels est si grand besoin de soy déniaiser et d'apprendre la jolie fasson de rompre une lance en l'honneur de dame Vénus.

Cestuy gentilhomme estoit gracieulx de taille autant que de visaige, et le mieulx que dame pust souhaicter pour l'ayder à tuer le temps qui souventesfoys est si dégourt à ne se poinct lairrer occire.

Adoncques comme ce estoit en esté, avoient coustume se bailler rendez-vous en une grange sise emprès d'un jardin que le chauldronnier avoit au bout de la rue Taupanne. Trez innocentement la dame s'alloit pourmener avec sa meschine, laquelle avoit esté sa nourrice, et maistre Cocherault n'y véoit que feu, sans se doubter que toujours feu accompagne feumée.

Et ce estoit à la dame grandes délices et soulas deificques de lairrer au logis le cocquemardier pour aller ouïr la petite chanson de messire Sylvain, encore que ceste grange dont icy je parle fust bien paouvrement enguarnie ; mais feurres suffisent parfoys aux plus grands roys, pour tenir amoureuses lysses, et ceulx-ci s'y treuvoient mieulx que s'ils eussent esté parmy licts de plume, matelas de duvet, édredons et aultres moëlleuses chouses bonnes pour les vieilles gens qui sentent leur moëlle se refraischir, et ont grand besoing de saulses diabolicques et drogues magiques pour accommoder leurs reliefz.

Et le chief du dict Jacques Cocherault de s'adorner bellement chacque vesprée, tandis que frappant du martel en guise de tabour chantoit emmy sa forge :

> Quand Eloy battoit le fer
> Son filz Oculi souffloit ;
> Quand Eloy battoit le fer
> Son filz Oculi souffloit ;
> Me souvient comme il souloit
>   Au bon Oculi souffler.....
> Emprès le cul de son péré,
> Emprès le cul de son père !

Car toutes dames aussy bien que moy le sçavent : il n'est chose plus dolce à porter que cocuaige qu'on ignore !

Doncques nos deux amoureux festoyoient fort joyeulsement, mettant toute leur science et couraige à calmer les aboys de leurs cœurs, car fiance avoient-ils en la vieille meschine qui faisoit bonne guarde à l'entour d'eulx, toute preste à bailler l'éveil.

Ceste bonne vieille, pource qu'elle avoit nourri sa maîtresse du propre laict de ses testons maintenant retraicts et vuydes, aimoit moult la Jacqueline, et lui donnoit ayde en tout ce qu'elle pouvoit, car soubvenance avoit-elle de son jeune temps et du plaisir nonpareil qu'avoit tiré d'adventures de ceste sorte.

Aussy son plus grand regret estoit-il d'estre chenue et vieille devenue et de ne plus pouvoir batailler comme jadis!

Cependant le vieil gabelleur encholéré flairoit d'un œil maulvois le petit mystère qui non loin de lui se jouoit sans baladins n'estradeurs, car comme jà vous l'ai dict en cest escript, il avoit en ceste cointe bourgeoysette mis tout son heur et toute son espérance.

Aussy très despité de ne poinct atteindre le nid où tant auroit voulu aller faire l'oizillon, alloit-il toujours se courbant davantaige ainsy que vieux cerceau de barrique, et son chief branloit, comme si trop lourde estoit pour ceste paouvre calebasse prête à choir la vision qu'avoit eue nuictamment des blancs testins, des cuysses satinizées et aultres thrézors, car les véoit-il trestous parmy les songes qui perturboient son esprit desbridé.

Adoncques véant que depuis sepmaine et demye la dame, chaque vesprée, alloit se pourmener en sa grange et bien cuydant en lui-même que sans doubte c'estoit pour un aultre soucy que pourchasser souris, museraignes et aultres bestioles innocentes, résolut-il avoir le mot de ceste énigme où poinct n'estoit de sphynx sinon la donzelle. Pour ce mener à bonne fin, vint donc un jour, et maulgré son grand aage, ayant franchi le mur de la grange lequel estoit plus de deux fois plus hault que lui, alla au risque de se casser les yeux et desmancher l'espine, se musser en un coing parmy le feurre, la fenaison vieille et les toiles d'araignes.

Lors s'estant mis à croppetons pensa que sans grand mal treuveroit bien à quel sainct elle souloit faire ses devotions.

Comme en ceste rue de la Taupanne que plus hault j'ai dict, passants estoient aussy rares que joueurs de violes à l'entour des Pyramides œgyptianes, le guallant se contentoit pour céler son jeu de venir un petit avant sa dame, et de l'attendre tranquillement, sans avoir soucy de pluye, gresle ne froydure!

Vint doncques ce jour-là comme ce estoit son habitude, vers une heure de la vesprée, et s'estant deffeublé de son pourpoint, s'étendit dessus les gerbes, ainsi que laboureur dont la femme oublie la souppe, et qui plus ne veult remuer la terre avant d'avoir brouté sa saulce.

Pensez bien que le gabelleur cuyda se sentir trespasser de male raige en véant cestuy-là qui venoit aussy innocentement prendre la place que tant il auroit souhaicté tenir. Mais combien que son cueur en fust grandement dessiré et grevé, retint son souffle, se guardant bien de roster, et attendit.

Et soyez seures, vertueuses dames qui lairrez vos quenoilles pour m'escouter, soyez seures qu'il n'attendist point un long temps, car ce jour-là dame Cocherault estant moult tourmentée par le grand besoing

de besoigner, avoit vistement treuvé le moyen de moyenner et s'estoit tost despartie de chez elle après le déjeusner sous couleur d'aller quérir pasture aux lapins qui se mouroient, faute de sustenance.

— Bonjour madame, comment vous va?

Pensez bien qu'après le baise-main qui précède toute cérémonie point ne perdirent leur temps à deviser au subject des chausses de monsieur l'argentier du roy, lesquelles estoient percées à ce que disoit-on.

Mais saboulant gorgerette et gippons, se prinrent à faire cryer la paille de la vaillante fasson que feriez en pareil cas, et à poulser crys et souspirs qui faisoient grisler le cœur 'racorni du vieil gabelleur ainsi que dyable qu'on auroit bouté en un benoistier.

Et grand fust le martyre du paouvre homme, car oultre que le guallant fust ardent comme moyne qui a jeusné et la dame chaulde comme hespaignolle, avoient-ils ce jour-là plus grand'faim que de coustume, pour ce que le temps estoit lourd, et enchargioit leur sang de dézirs sans nombre.

Et finablement, de voir toutes ces joyes paradisiaques qui devant le nez lui dévalloient sans qu'y pust seulement gouster du bout des dents, pour ce que dents n'avoit plus, s'esmeut tellement le vieil cinge, que se dressant soubdainement de son trou comme catin de bois dans sa boëte, se print à cryer, levant les bras au ciel :

— Que Satan vous escarbouille, pescheurs abominables, et que les trente-sept mille dyables qui ont tenté le paouvre Sainct Antoine vous mangent les trippes à la saulce verte !

Grand fust l'émoy de nos deux gentils jouxteurs en véant ainsy le gabelleur yssir de son coing comme démon qui a le feu dessoubs la queue ! et grandement espovantés furent-ils quand le virent s'avancer devers eux avecques une vieille espée dans la main.

— Da! messire que voulez-vous? dist Sylvain, qui palle estoit devenu ainsy que femme en gésine, et qui de despit tremblait des cheveulx jusqu'aux crémastères.

— Hé! je veulx te tuer, dist l'aultre.

Oyant cela, la paouvre dame s'évanouit dessus la paille, et estoit ainsy, ses testons deschaînés, plus belle qu'aulcun poëte ne sçauroit dire.

— Oh! oh! vécy qui est bien! dist la meschine, laquelle estoit accourue en grande hâte en entendant tout le bruyct qui se menoit, vécy qui est bien! Et pourquoy voulez-vous l'occire, monsieur le villain cinge? Sans doubte pource que madame ayme mieulx prendre son esbattement avecques lui qu'avecques un maulvois matagot de vostre espèce! Et le menaçant de ses aiguilles à laine, adjouxta :

— Ho! véez le mauldict! il a tué ma paouvre maistresse!

— Ah! par ma fy! dist monsieur de la Foucaudière, elle n'est poinct morte autant qu'en a la mine, et maulgré sa pamoison, entendra bien ma petite litanie : Ah! la maulvoise, la malévole, si m'avoit desbouté plustôt que me faire mignotizes et soubrys, sans doubte s'en seroit allé mon dézir depuis un long temps; mais, ne me voulant qu'estrif et nuysance, m'a-t-elle plustôt aiguisé, si bien qu'en suis plein de fiebvre à ceste heure que voilà! Hé! madame, puisque m'avez tant faict joliesses et marjolinades, irez jusqu'au bout ou bien sçaurai me venger. Si doncques avant qu'ait fini la sepmaine que vecy, ne me baillez une nuictée franche en dépit du damoiselin que voilà, dirai tout par la ville et l'irai conter à monsieur le juge qui est mon cousin! et l'on sçaura depuis le faulx-bourg vieil jusqu'à Chinon à quelle besoigne la coquemardière usoit ses vesprées, et quel joly ragoust elle faisoit en sa marmite; et si monsieur son espoux ne l'envoie aux Trespassez, sera dessus un asne en chaleur pourmenée par toutes rues, ruelles, carrefours, places et culs de sac, le nez vers le croupion de la beste avecques sa queue en guise de bride. Alors peut-estre n'aura-t-elle plus cest œil esmerillonné, car sera-t-elle la joncherie de tout le païs et tenue en l'estime de tous ainsi que gouges et ribauldes de bourdeaulx, et femmes maulvoises qui n'ont aultre dévotion que trupher leurs marys.

— Hé! dist Jacqueline en se rajustant, suis-je sorcière pour deviner que me vouliez avecques tant d'ardeur?

— Sans plus de parolles faut-il le tuer? demanda Sylvain.

— Ah! ah! le beau cavalier que vécy, fist messire Marquet en s'esclaffant; sçavez-vous poinct que mes gens m'attendent emprès d'icy et que seriez pendu avant le soleil levé?

Ce qu'entendant le gentilhomme se ravisa, car estoit-il de ceulx qui parlent légièrement pour ce qu'ils sçavent mieulx agir.

— Vere, dist à son tour la meschine qui estoit rusée comme belette, vere, venez-ça mon bon monsieur, car j'ai treuvé bon accommodement pour que tout le munde soit content; venez en le jardin...

— Hé! vieille sorcière, que me veulx-tu? Vas-tu m'envouster, mauldicte mangeuse de crapauds?

— Oh! monseigneur, respondit-elle, si sçaviez le bien que vous guarde, poinct ne me traicteriez si félonnement.

Adoncques combien que le gabelleur eust grand paour que les deux amoureux ne parachevassent leur besoigne s'en furent dans le jardin le vieulx et la vieille.

— Da! dist la meschine, escoutez-moi un petit, et aurez grande satisfaction. Attendez jusqu'au mardi qui vient, car maistre Cocherault doit aller au chastel de Chinon pour mettre à poinct toute la chauldronnerie avecques ses apprentifs, et venez à la maison à la vesprée, madame vous attendra.

— Ouais! fist Marquet, mais ne gist-il pas encore trupherie, là-dessoubs?...

— Que ma benoiste patronne me renie s'il y a menterie aulcune en ce que je dis...

— Oh! vecy donc qui marche bien, dist alors le vieil homme; puisqu'en est ainsi, te baillerai mardi trois angelots d'or et aussi quelques pièces d'argent pour achapter gippons de futaine, et rien ne dirai onc de ce que j'ai veu.

Et tout ragaillardi, cuydant ceste foys icy avoir bouté la main au nid, s'en fust se rigollant de la bonne teste qu'auroit le petit Sylvain quand auroit esté par lui cocufié. Et reguaignant son logis, marmonnoit entre ses vieilles badigoinces un anticque fabliau qui vient d'un ancien autheur grec, lequel est intitulé : « *Du troisieme larron qui robba la chèvre du Seigneur.* »

Si tost que nostre bonhomme Marquet fust parti, s'en revint la meschine emprès des amoureux, et s'esclaffant moult comme taulpe qui a mangié du parchemin, leur conta l'histoire.

Dont ils furent gramment ravis et esmerveillés, comme pensez : car Dyable va plustost bailler ses conseils aux vieilles malicieuses qu'aux jeunes lesquels n'ont guère soucy que s'accoler ès-prez et reguarder la jouxte des parpaillons.

Adoncques ayant dict à messire des Esglantiers venir le mardi suivant faire grand tintamarre devant son huys pour effaroucher le villain, s'en fust chez elle la Jacqueline, et dist à son espoux que s'estant pourmenée au bord de la Vienne avecques sa meschine, de la fasson la plus « comme il faut » du monde, avoit faict rencontre de monsieur le gabelleur, lequel lui avoit tenu force proupos deshonnestes.

Et finà par lui conter la bonne farce qu'avoit résolu de lui jouer. Et s'en rigolla si fort le chauldronnier qu'il cuyda en rompre son cocquemart gastrique et lairrer choir ses trippes dessus le plancher, car tenoit en grande haine le dict gabelleur, mais n'osoit en rien lairrer paroître, de peur que le meschant homme ne lui boutast tous ses sergents après les chausses.

Aussy fust-il convenu que la vieille meschine attendroit le sire dans le lict de sa maistresse en sa place, et que tout iroit à bien pour la grande confusion du sieur de la Foucaudière.

Le mardi veneu, vecy nostre gabelleur qui dès mastines prend bains, s'adonize, se gorgiasse, met lingeries finement godronnées et fait calamistrer ce qui lui restoit de cheveulx. Et vistement de venir au logis de la belle si tost qu'eust veu le chauldronnier prendre la route de Chinon dessus son mulet, suivi de ses apprentifs qui portoient outils de toutes sortes.

Ah! par saincte Radegonde ma patronne, fist la vieille en le véant venir, vous vecy maintenant plus enraigé que nouveau marié, mon bon monsieur, attendez au moins que nuict s'en vienne. Poinct n'est coustume aux vieils chats de pourchasser souris en plein midy.

Lors maistre Marquet s'estant mussé donna à la vieille deux angelots d'or et dix blancs pour achapter cottes nepves.

Et si n'avez l'entendement affaibli par fiebvre ou folie, bien pensez que tandis qu'attendoit ainsi le vieil homme, messire des Eglantiers estoit veneu par la porte de darrière afin de se rigoller un petit avecques sa mie avant que l'heure de tresbucher la chauldronnerie ne fust arrivée.

La nuict veneue, maistre Cocherault ayant baillé congé à ses apprentifs avec quelques sols pour s'aller laver le gousier à sa santé, rentra en son logis à pas de loups, et s'alla musser en la soupente, tandis que la meschine disoit au gabelleur :

— Escoutez sonner neuf heures, mon mignon, et montez en la chambre de madame sitost qu'elles se vont décrocher à Nostre-Dame.

Et ce dit, alla vistement sans chandelle se coucher au lict de sa maistresse. A neuf heures, comme cuydez bien, s'en vint la rejoindre le paouvre amoureux transy, et fust ès linceulx en moins de temps qu'il n'en fault à pigeons et colombes pour rompre une lance au bord d'un toit, ce qui est fort peu, car pigeons sont bestioles moult adextres à ce jeu.

Et vecy mon vieulx qui caresse la vieille, laquelle mordoit linceulx, tant la tourmentoit le désir de s'esclaffer.

Et tandis que cherchoit le chemin que sçavez, vecy grand bruyct qui part de la rue comme si tout l'enfer eust été déchaisné, et railleries qui s'envolent :

— Bon couraige, monseigneur de la Gabelle, avez-vous prins éperons d'amour et pouldre de cantharides ?

Comme espoventé il escoutoit ceste chanson, entra le chauldronnier, cryant comme barbare :

— Où est-il ce mauldict larron de mon honneur ? Où est-il que luy boutte un rafraischissement de ma fasson ?

Derrière lui venoient messire Sylvain avecques sa

bande, et trestous menoient grand tapage, tabourinant sur cocquemarts et casserolles, si bien que tout le monde se resveigloit à l'entour, et que le guet seroit accouru s'il n'avoit esté à se rincer l'escalier buccal en un cabaret du vieil faulx-bourg.

— Ah! ah! reprint le cocquemardier, le vecy doncques, ce meschant boulgre qui vient tenir ordureries à ma dame et bouter le dyable au ventre de ma servante! Ah! villain parpaillot, viens ça que te desbarbouille!

Et rudement l'ayant tiré des linceulx en chemise, le descendirent par la fenêtre, et le pourmenèrent par les rues, à la lueur des falots et torches, chantant comme fols et cryant:

— Holà! manants, resveiglez-vous et jectez flours par la rue! Vecy monseigneur de la Gabelle qui s'en vient de coucher avec sa belle!

Et après s'estre grandement esjouis de la farce,

lairrèrent le paouvre dyable mallement navré à la porte de son logis, si joliment navré qu'il lairra son âme se départir le lendemain.

Pensez bien qu'après ceste galante adventure, dame Jacquline eust bien le loisir de tout faire pour la maintenance de ses joyeulses amours avecques messire Sylvain des Esglantiers.

Chaque vesprée s'accommodèrent bellement emmy la paille de la grange, et froidure félonne estant venue avec hyver, s'allèrent voir chez une vieille tante qu'elle avoit en la rue Saincte-Catherine.

Et le bon Seigneur Dieu qui voit d'un bon œil tous gais amoureux qui s'accolent sous le ciel, les guerdonna en leur baillant jolis enfançonnets qui plus sentaient l'églantine que le cocquemart.

Ce conte, qui cy-fine, doit vous apprendre, mes vertueuses dames, que vieilles sont souvent secourables aux jeunes qui ont amour au chief, et que debvons avoir grand respect pour leurs rides plutost que de leur faire mocqueries, car vistement après les roses arrive le temps d'avoir, comme dist nostre amy Villon :

> Le front ridé, les cheveulx gris,
> Les sourcilz cheuz, les yeux estainctz...

Et onc sçait-on le lendemain ?

XI

D'UN GENTIL TABOURINEUR
QUI FIST LE DÉMON POUR TRUPHER UN CABARETIER
ET DE LA JOLIE FASSON
DONT IL PRINT LE CŒUR DE SA DAME AU NOM DU DYABLE

A Messire Octave Mirbeau, grand maistre en l'art de pourtraicturer les bonnes gens de cestuy siècle et les maulvoises aussy, je baille cestuy conte où je ai taché de pourtraicturer les paouvres gens des temps passés, pource que messire mon aïeul les cognoissoit moult.

XI

D'un gentil tabourineur qui fist le démon pour trupher un cabaretier et de la jolie fasson dont il print le cœur de sa dame au nom du dyable.

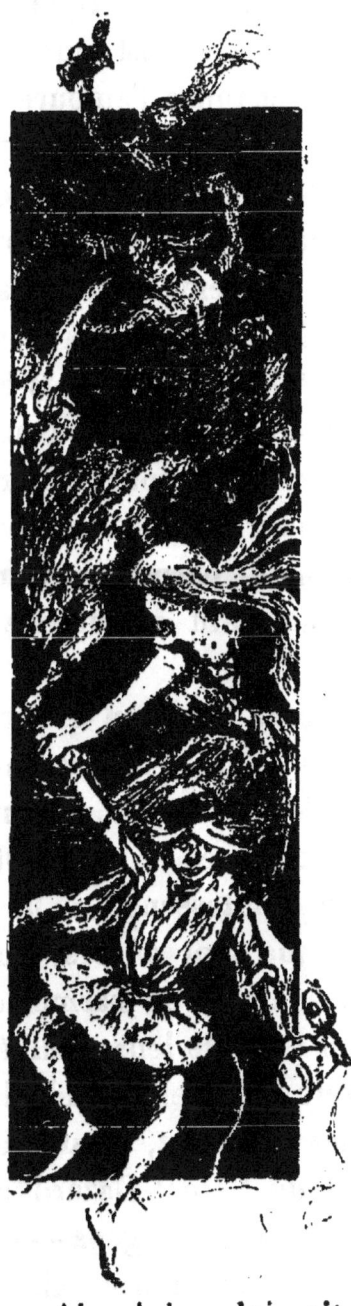

En cestuy temps-là, il advint qu'un villain qui avoit nom Jacques Gratteau, treuva sa fortune à la mort d'un vieil oncle qui estoit prebstre. Sa joye en fust si grande que durant huit jours et plus il tresbucha parmy bourdeaulx et hostelleries, jouant de la ribaulde autant que de la bouteille et cryant par-dessus toits et clochers :

« Mon paouvre oncle est trespassé ! Dieu garde en paix son âme ! »

Ains lui ne lairroit aulcunement en repos les escus du défunct lesquels depuis un si long temps dormoient à l'ombre dans la cave. Ah ! par le triple pertuis de mon hault de chausses, ce fust une belle danse, pour les taverniers et marchandes d'amourettes. Jolie danse où les angelots d'or faisoient grande musicque pour mener la pavane des blancs et des deniers. Mais faut-il à ce bonhomme jecter la pierre pour sa folie. Auriez-vous poinct faict de même et moi aussy? Lorsque l'orde et meschante Misère qui vous a prins au bercel et conduict parmy tous les maulvois chemins de la vie vous lairre au coin d'un bois comme garce qui a le feu aux gippons, pour vous bouter au lict de Fortune avecques une bourse de cuir cordouan bien carillonnante, ne est-il point permis d'avoir la teste au vent et de prester un petit sa cervelle au dyable ?

Je demande en ceste matière, l'opinion des marchands de sapience à six sous l'aulne, et des philosophes du pays allemant qui font mestier de pétuner en compaignie des piots de cervoise et prennent la feumée de leurs pipes pour quintessence de la saigesse éternelle. — Et s'ils me sont advers, qu'ils aient les reins démoullés et les tripes en marmelade ! Au surplus je me mocque ùn petit de leurs délibérations, la Sorbonne en pensera ce qu'elle voudra !

Adoncques, cestuy Jacques Gratteau, estant riche deveneu par miracle espécial de Sainct-Hazard protecteur benoist et fidelle des paouvres gens — et se estant deffeublé de sa pelure marmiteuse, alla demander la main d'une qu'il avoit en amitié, — laquelle estoit la plus souève d'entre les meschines de madame

Yolande de Beaupoil, femme du prévost des marchands de Chastellerault. Et furent faictes leurs nopces le plus jolliment du munde, le tiers jour du mois de may d'une année que je ne sçais plus.

Tous deux estoient jeunes et vaillants, et point ne circumvilignerai mon discours pour vous dire qu'ils passoient leurs nuicts à d'aultres jeux que dormir. Dormir est bon pour bourgeoys ventrus, gasteux, paralytiques, et aultres mal dotés de Dieu du côté de la braguette.

Ceux-là qui sont jeunes et gaillards, doibvent fermer l'œil le moins qu'ils peuvent pour ce que dormiront éternellement lorsqu'ils seront en terre. Alors vouldront peut-être se resveigler ceux qui trop auront dormi durant la vie, mais l'heure sera passée, et grand regret leur viendra emmy la tumbe de ne s'estre poinct assez rigollé alors qu'estoient couchés en d'aultres linceulx avecques leurs bonnes femmes. Et leurs yeulx sans lumière pleureront après le temps perdu! Mais hélas, point ne se retreuve ce temps-là!

Pourquoy j'envoie à toutes les gehennes, les mauldicts parpaillots qui vont preschant tristesse, et disant qu'il est déplaisant à Dieu de coucher deux. Dieu ne est poinct si meschant. Il a dit: Je veux qu'on se baise à la bouche! Et si pour un instant j'avais le loisir de m'asseoir en l'escabel royal de nostre bon sire Grévy Ier, je ferois mener au Chastelet, voire à Mazas, et de là au gibbet tous ceux qui disent aultrement. Nostre mère nous a bouté un cœur dans le ventre, ce est pour en user? Qu'ils soient en chauldières jectés, et boulluz comme testes de veaux ou hérétiques tous ceulx-là qui font des papillotes avec leur cœur, marchent félonnement dessus les fleurs et s'en vont blasphémant leur jeunesse !

— Amen !

Ores que voicy finie la harangue, vous dirai que les festes du mariage passées, le susdict Jacques Gratteau avecques sa femme Magdelaine avoit en la joyeulse rue de Madame-Troussez-Vous, ouvert un cabaret de bonne mine à l'enseigne du *Roy David*. En cestuy cabaret estoient peintes de grandes imaiges représen-

tant la vie du dict roy. Cy le véoit-on sur le dos d'un chamel, se pourmenant emmy le désert. Là jouant de la harpe par devant le meschant Saül afin de calmer la grande cholère d'iceluy. Aultre part accolant dame Bethsabée dessoubs la tente, — et encore d'aultres dont je n'ai plus soubvenance.

Et je doibs avouer que la maîtresse du lieu estoit pour le moins aussy belle que défuncte Bethsabée qui tant l'estait pourtant. Ses testons se dressoient dessoubs l'estoffe si vaillantement; si rouge estoit sa bouche et ses yeux si brillants! ses cheveulx noirs comme enfer tomboient si bas qu'on eust dict plutôt impératrice des païs d'Orient qu'ancienne chamberrière. Mais nature jecte ses présents à l'adventure, et tant mieulx pour celle qui les a, que ce soit royne, ribaulde ou saincte!

Aussy, comme bien pensez, guallants venoient-ils là se désaltérer le gousier, et s'eschauffer le dézir en plus grand nombre que puces sur le dos d'un vieil chien ou que poux en la teste d'un petit enfançonnet boësme.

Mais est-ce que parpaillons ne reviendront pas toujours se rostir les aesles, partout où brusle une chandelle?

Au *Roy David* venoient surtout les compaignons armuriers pource qu'ils estoient fort nombreux à l'entour. Mais maulgré leurs doulx reguards et parolles joliettes, aulcun n'osoit de trop près se frotter aux gippons de la belle, car messire Gratteau estoit basti à la fasson des bons chevalliers, et avoit au bout du bras cinq doigts capables de navrer un bœuf.

A ceulx qui trop la pressoient respondoit la dame :

— Oh! mignon, point ne parlez de cela, il vous adviendroit male heure.

Ou bien lorsqu'ils estoient malgracieux leur disoit :

— Eh! m'amy, depuis quand cuydez-vous que miel soit faict pour gueule d'asne?

Et parfois alloit-elle aussy jusqu'à donner du poing à la barbe des plus audacieux, car estoit prompte à la riposte, et onc ne se lairroit environner par l'ennemi.

Aussi nul, fors son mary, n'estoit arrivé à butiner son bien; non point seulement es gens du peuple, mais aussy les gentils hommes estoient desboutés,— car il en venoit moult attirés par l'odeur de sa chair fraische et parfumée.

Mais tous s'en revenoient penauds ainsy que chiens auxquels on a robbé leur viande.

Ce estoit pendant le temps que se menoit la guerre avecques les mauldicts anglois que le dyable eust si bien faict de guarder en son giron pour la paix de tout le munde, et Magdelaine laquelle estoit bonne françoise, alloit souventes fois porter à boyre à des partisans du roy de France qui proche avoient là leur camp, mais toujours s'en retournoit victorieuse, encore qu'ils lui fissent moult présents des plus honnestes.

Or, en une compaignie de gens d'armes qui se tenoit proche la ville — laquelle estoit au sire Jehan de Chatnoirville, y avoit un petit tabourineur, qui se rendist si fort amoureux de la cabaretière, qu'il en perdoit le boire et le manger, et aussy un petit de sa cervelle chaque jour. Il avoit de longs cheveux blonds ainsy qu'un paige, et à parler léallement ses yeux bleus eussent pu bouter plus d'une phantaizie en l'esperit d'une duchesse! Ains, combien qu'elle fust emeue de ce grand amour, Magdelaine n'en lairroit rien paroitre, et faisoit forces mocqueries au paouvret, lequel mélancholieusement passoit toutes ses heures à faire des chansons à sa mie et à pryer la benoiste vierge Marie, aussy saincte Magdelaine qui fust foible de le secourir et de prendre pitié de sa peine.

Las pourquoy mestier d'amour est-il si plein de douleur?

Sans doubte l'ignorez-vous autant que moy et personne n'en sçaura jamais rien.

Ainsy l'a voulu le Seigneur Dieu, et proubablement ne seroit-ce chouse si dolce et divine, si elle ne estoit broudée d'estrifs et cousue de chagrins!

Adoncques maigrissoit et s'appalissoit chaque jour nostre paouvre tabourineur, et seurement se seroit tué, si l'Espérance qui si souvent truphe le paouvre munde ne l'avoit mené plus loing que ne pouvoit son courage!

Ses compaignons se gaudissoient fort de sa triste mine, véant que ses prévenances et beaux discours ne servoient à rien. Mais lui les lairroit aller se divertir parmy les ribauldes et filles folles guardant au tréfond de son cœur, l'amour qui y estoit entré comme fer en un tronc d'arbre et l'avoit si mallement blessé.

Or, comme un soir le jouvenceau estoit tristement assis dessus son tabour emprès la cheminée, resvant au Destin qui le traitoit si durement un vieil routier lui heurta l'épaule du pommeau de son espéc :

— Holà! mignon, lui dist-il, te voilà en trop grande désespérance pour ceste maulvoise caille coëphée! Je ai grand'paour de te voir aller trop vistement griller chez monsieur Satanas! Je suis vieil, et je en ai veu autant de vertes que de rouges et d'aultres couleurs aussy! Adoncques si tu me veux esjouir d'un piot de vin chinonnois, te pourrai bailler bon conseil et porter ayde léallement.

Eh! fist l'enfant, si avois seulement un sol vaillant, légièrement le despendrois à boire pour deschasser ma tristesse!

— Oh! dit le soudard, va donc mettre en gage cet annel d'or adorné qui est à ton doigt.

— Allons doncques, reprist le tabourineur, combien que ceste bague me vienne de ma mère defuncte et

soit la seule chouse qui me reste d'elle pour m'enguarder des maulvois sorts; mais j'engagerois mon âme pour l'amour de ma dame !

Nos deux amys s'en feurent doncques en la boutique d'un vieil juif ord et noir, lequel leur bailla deux angelots d'or.

— Maintenaut, list le soudard, vecy ce qu'allons

faire. Après qu'aurons soupé à l'hostellerie des *Deux Pigeons* inviterons Gratteau à boire en nostre compaignie, et bellement le saoulerons; puis quand tous les beuveurs se seront despartis, entandiz que tu lui parleras, jecterai en son gobelet deux pincées d'une pouldre ægyptiane que j'ai. A l'aide de laquelle il dormira comme Charlemagne en son tombel pendant trente-quatre heures au moins. Alors grâces à quelques farces et artifices que te dirai, pourras-tu jouir de sa femme et l'accoler à ta guise.

Ainsy fust-il faict comme il avoit été dict.

Après avoir joyeulsement souppé aux *Deux Pigeons* où l'on treuvoit les saulces les plus renommées, s'en vinrent nos deux compaignons à l'hostellerie du bon *Roy David*, et s'estant assis dessoubs la pourtraicture de cestuy-cy se prinrent à boire débonnairement. Piots et bouteilles arrivoient en grande cavalcade, et vistement estoient-ils mis à mal je vous prye de le croire, car vin chinonnois plus que purées bourguignonnes voire champenoises et aultres boutent au cœur vaillance et intrépidité.

Et la dame véant les escus briller grandement s'esjouissoit et soubrioit mignottement, tant est vray le vieil prouverbe : « Or bien frappé feroit rire l'huis d'une prison ! »

Adoncques comme le couvre-feu sonnoit et que les beuveurs, l'esperit plus ou moins broillé, s'en retournoient en leur logis, ou dans la maison de leurs dames, le vieil boulgre caressant son poil mentonnier se print à dire :

— Da! Gratteau, pource que tu es le meilleur branchaige d'aubergiste qu'ayons jusqu'icy treuvé par la ville, avons résolu despendre en ta jolie boëte tout ce qu'avons en nos escarcelles, car demain irons faire danser messieurs les Angloys, et qui sçait si Dieu

ne nous guarde poinct en réserve un bon coup de lance, pour nous envoyer humer le vin chaud en la taverne éternelle de messire Satanas? Ores doncques, que vecy tout le munde desparti, verrouille ta porte, et boirons avecques toi les darniers piots, afin que Dieu nous guarde du Dyable s'il lui plaist!

Et ce disant jecta dessus la table toute sa monnoye

qui se mit à chanter si joliment que messire Gratteau en eust le ventre égraphigné de plaisir.

Adoncques Gratteau se despartit à la cave, ayant dist à sa dame de s'aller coucher, et commencèrent à s'arrouser le gousier. Ah! combien auriez ri, mes agnelets, en entendants les galantes histoires que contoit le vieil guerrier. Onc n'en ay ouï d'aussi bonnes, moy qui pourtant ai lairré la plus belle fleur de ma jeunesse dans les camps et chastelets, alors que n'avois d'aultre pensier que de bouter la pointe de mon espée au ventre des malandrins. Ains, le sçavez aussy bien que moy, — en gaieté, et joyeulse imagination, autant qu'en vaillance, nos pères valoient mieulx que nous, et ceulx d'aujourd'huy ne font que brouter les miettes qu'ils ont lairré choir.

— Eh! eh! disoit le vieil pourfendeur, en frappant le col de son amy, seras-tu toujours aussi mélancholieux, pour un reguard jecté au travers du tien; poinct ne faut rougir comme pucelle qui a veu le loup, mais dresser le nez à la fasson des bons coqs! Bois, petiot, ceste tisane là c'est la cuirasse du cœur! Lorsque seras bien armé tu pourras attaquer ta mie, car Magdelaine, à ce que je cuyde, aime plutost les rudes et franches chevaulchées que caresses d'enfançonnets et mignotizes de marjolins! Bois doncques! Il n'est que boire en ce bas munde!

— Oh! respondoit le petit tabour, qui avoit nom Jehan Bruslefer, combien que je aie veu moins de primevères, peut-être serai-je aussy adextre que vous en besogne d'amour, car ne ay poinct encore despendu ma prouvision d'aymer, ne ayant eu d'aultre soucy que de guarder toute mon épargne pour celle que je ai choisie.

Et achepvant ces parolles, il jecta la pouldre dans le goubelet de Gratteau.

— Dà! beuvons! beuvons! fist le soudard, il ne faut rien lairrer pour les vendanges prouchaines! Et levant son verre il chanta de sa voix cassée d'ivrogne :

> De bouche en ventre
> Le voilà le joly ventre.
> Ventri, ventrons! ventrons le vin.
> Le voilà le joly ventre au vin,
> Le voilà le joly ventre!

Mais comme il piauloit encore, vecy que messire Gratteau qui avoit tout avallé d'une gorgée, ferma l'œil ainsy que géline à qui l'on tort le col, et se lairrant aller dessus la nappe, le bec écarquillé, comme cil d'une grenoille, se print à ronfler ainsy qu'une cornemuse antique.

— Hé! petiot, dist lors le soudard, voilà que le moment est venue d'ouvrir le bon œil, et de bouter la main au nid. Tost! monte doncques en la chambre de ta mye, entandiz que je vais mener à bien le vin de cestuy maroufle et dire ma confession à ses jambonnailles et saulcisses!

Adoncques, Jehan Bruslefer les pieds deschaux afin de ne point mener bruyct en l'escallier, monta dolcement jusqu'au nid de la dame, et d'un coup de poulce ce estant deffeublé se mussa dextrement en les linceulx. Lors sentant la jambe souëfve de l'hostelière contre la sienne, cuyda toutes les joyes du Paradiz lui estre tombées dans l'âme.

— Oh! disoit Magdelaine toute endormie pendant qu'il lui habilloit les testons de dolces caresses, oh! qu'avez-vous doncques ceste nuict mon amy? Trop avez beu, par ma fy... Lairrez-moy dormir en paix, et que la grâce de Dieu soit avecques vous.

Mais l'aultre ne vouloit rien entendre de ce maulvois discours, comme bien pensez, et je crois bien que auriez aussy faict la sourde oreille, si aviez esté à sa place!

Et si bien escharbottoit les charmes de l'hostelière, que ceste-là sentant douptance se glisser en son esperit fit mine à son tour de le caresser. Adoncques sous couleur de l'embrasser lui print le menton, à quoy elle recogneut que maraudeur estoit en son bien et vouloit rifler la part de son espoux.

— Oh! holà! oh! crya-t-elle comme si trente-six mille tire-laines eussent été à l'esgorgeter, oh! oh! holà! au secours! A moy dolce Vierge. Le Dyable me veut robber! à moy! Sainctes du Paradiz, ma benoiste patronne ayez mercy de moy! holà! on me tue! je suis morte... ce est le Dyable qui me prend!

Et le jouvencel en vain l'accoloit glissant ses longs cheveux emmy les siens; aulcunement ne pouvoit lui clore le bec!

Adoncques entendant le bon ménage qu'ils faisoient et redoubtant le guet et les veilleurs, le vieil routier monta lourdement l'escalier, menant si grand bruyct d'espée, de cuirasse et de ferraille qu'on eust cru que tout l'enfer estoit en la maison descendeu, armé du chief aux pieds.

Ayant doncques flairé ce que débitoit la cabaretière crya d'une voix horrificque et trois foys sépulchrale :

— Eh! oui, meschante garse, ce est le Dyable! et non aultre, et ce est honneur royal qu'il te faict, car combien vouldroient avec lui coucher, roynes et emperières! Ce est le Dyable qui vient par la voulonté et ordonnance de Dieu-le-Père, pource que tu fus pleine de mocquerie à l'encontre des gens de guerre. Et si ne fais cocu ton villain Gratteau, te vais sur l'heure emporter dedans la chaudière, moi Belzébuth, lieutenant général des armes diabolicques, et seigneur de l'aultre munde !

Ce dict fist un pet mirificque, lequel comme tonnerre fist craquer la tapisserie.

Puis ayant allumé un bouchon de paille jecta grande feumée en la chambre, si bien que la paouvre dame cuydant que ce estoit vraiment monsieur Satanas, et ne voulant rien faire contre la volonté du sei-

gneur omnipotent, se laiira gentement accoler par le
dyable. Et à ce vist-elle que dyables sçavent bonnes
besognes autant que
les plus guallants
d'icy bas, car le petit
tabour n'eust guarde
plourer sur une si
belle occasion, et le
chinonnois
aydant fist au
moins la besoigne de
trois chevalliers.
Adoncques
le matin estant veneu — matines sonnées, se
despartit nostre jouvencel,
emportant léallement en
soubvenir de ceste bonne nuictée
les annels, pandelocques, bracelets
et colliers de la dame; puis ayant resveiglé son
compaignon qui dormoit aux costés de Gratteau,
tous deux yssirent du logis sans oublier l'argent
qu'ils avoient jecté dessus la table.

Il y avoit un long temps que l'Angelus estoit sonné
à l'ecclise Saint-Jacques, lorsque Magdelaine, toute
espovantée encore de ceste aventure, ouvrit les yeux

au fond du lict. Lors s'estant habillée, légièrement descendit dans le cabaret.

Mais combien fust-elle esbahie en véant son mary qui dormoit encore. Lors, comprenant qu'il l'avoit lairrée à la merci des pippeurs d'amour entra en grande cholère contre lui, et sans rien lui conter de

l'histoire, lui jecta deux grandes cruches d'eau fraische dessus le museau.

Dont il se resveigla comme bien pensez.

Le vieil homme d'armes qui m'a ceste histoire contée adjouxta que le petit tabour rentra en grâce emprès Magdelaine, en lui rapportant ses jeailleries, et que souventesfoys, continuèrent à jouer au dyable dessoubs les courtines et ridels, grâce à la pouldre ægyptiane qu'ils boutoient dans la mangeaille de Gratteau.

Ainsy debvoit-il advenir, car Dieu fine tousjours par prendre en miséricorde les paouvres enfants malades d'amour, et tombés en désespérance.

Vecy pourquoy d'aulcuns prebstre de mon païs disent, lorsque mettent l'annel au doigt du nouveau marié :

— Mon fils, guardez bien vostre front des cornes du Dyable !

Mais cela ne sert à rien. Ce est comme si l'on chantoit dans une citerne. Car aulcune garde ni surveillance ne peut changer l'escripture des Destins qui estoit faicte trente-neuf mille ans avant la création du munde !

XII

COMMENT FUST PARACHEVÉE L'ECCLISE SAINT-PIERRE
DE POICTIERS

———

A Messire Jules Claretie, maistre chroniqueur de nostre bonne et joyeulse histoire de France, grand docteur en la science des parchemins et protecteur des arts chanoiresques, je taille cestuy conte pour soy divertir un petit après souper et boire.

XII

Comment fust parachevée l'ecclise Saint-Pierre de Poictiers.

Si je ai encore en bonne souvenance l'histoire de mon païs depuis si longtemps escripte, consignée, commentée et adornée es-parchemins pouldreux, par messieurs les chronicqueurs, moynes, abbés et autres clercs qui point n'avoient la clavelée au cervelet; si les malicieux varlets du démon Broilletestes qui se complaisent à tout bouter sens dessus dessoubs et à tout enchevestrer ne ont poinct changié mon esperit contre celui d'un vieil coillon ou d'un bedeau, je crois bien que vers le temps où messire de Chastigniers devint par droict d'héritage et de noblesse seigneur du plaisant païs d'Ingrandes, lequel s'est assis dessus la rivière de Vienne pour se pouvoir esbattre à sa guise, vivoit, en une haulte gentilhommière sur le chemin grand qui mène de Poictiers à Tours en Touraine un vieil seigneur, vef, et ruyné d'argent et de santé par les guerres qu'il avait tenues en son jeune temps.

Comme il estoit plustost paouvre pour un homme de son poil, guères n'alloit-il es-chastels d'alentour, et ne fréquentoit poinct ses parents de paour que cela n'apportast nuysance à sa tranquillité autant qu'à ses maigres revenus; voulontiers il tenoit compagnie avecques d'aulcuns bons rigolleurs qu'il avait treuvés parmi les paysans; car si ne estions toujours escorniflés par le mal d'orgueil, n'est-il poinct vrai que le vin est aussi bon de la futaille d'un laboureur que de celle d'un gentilhomme, et ne peut-on point laisser finer gentement sa baulde vie dessoubs la cheminée d'un villain aussy bien que devant l'astre d'un sénéchal?

Là-dessus je requiers le conseil de ceulx-là qui s'accoustrent des robbes de sapience pour leur demander si me suis mespris; et si tous ces vieils cinges qui sont desnués de cervelle autant que hannetons et sourischaulves ne sont poinct trop fols pour parler de la même couleur que moy, je cuyde qu'ils pourront être envoyés devers le dyable absoluz de toutes leurs boudineries et balourdises.

Adoncques ce bon seigneur qui s'appeloit Thibault de Margival, pour ce qu'il ne estoit poinct ennemi des danses cruchonnières, valses de fioles, cavalcades de piots et kermesses bouteilliques, ne manquoit mye aux festes des vendanges non plus qu'aux nopces et baptêmes, payant toujours largement son écot avecques les histoires de haulte gresse, et contes mirificquement salés qu'il avait cueillis sur toutes les routes de France, en faisant la guerre et l'amour pour ou contre le roy.

Par foys même, ne dédaignoit poinct d'aller se pourmener darrière les bons défunts qu'on alloit porter en terre, sçachant bien que sur dix foys neuf bonnes, — enterrements sont escortés de bonnes lippées et joyeux festins, et qu'il y a toujours dans le logis d'un mort de quoy brouter et de quoy rire plus qu'en nulle aultre part.

Pour toutes ces chouses estoit-il en grande estime auprès des paysans, qui de tous costés venoient devers luy, ainsi que jadis Parisiens devers Loys le nefvième, pour accointer leurs disputes, éclaircir leurs affaires, demesler leurs broilleries, et faire justice de leurs différends, car combien qu'il fust d'esprit plus joyeulx qu'aucun braguetteur, estoit-il grandement plein de sapience — ce pourquoy préféroit-on venir s'accorder dessoubs sa pantophle que d'aller se frotter au bonnet de messer l'official lequel estoit comme feuilles d'orties qui piquent tous ceux qui les touchent sans voir s'ils sont noirs ou blancs.

Pour soy servir et assister, messire de Margival avait gardé auprès de lui un vieil soubdard ou escuyer, qui partout l'avoit suivi depuis vingt ans, — lequel s'appelait Martin, soignoit le cheval, labouroit le jardin, faisoit la souppe, estoit grand maistre du cellier, officier de gueule et conservateur de la garde-robbes.

Comme tous vieux serviteurs, cestuy-là se fust desconfit plutost que de porter déplaisance à son maistre ; aussi estoit-il aussy grandement respecté par la campagne.

Il souloit se faire ayder dans les travaux du ménage

par sa fille, petite garse que on appeloit Rose et qui, par ma fy, méritoit bien ce nom. Elle avait environ l'aage d'un chien qui tumbe en vieillesse, et des yeux si noirs qu'on disoit dans le pays, qu'elle avoit dû les aller quérir en enfer pour sa proupre perdition, et pour resveigler toutes les vieilles braguettes endormies qui se trouvoient dans la contrée.

Pieds nuds comme ce estoit la mode, elle s'en alloit chacque matin conduire ses brebis parmy les prés, escortée de son chien que elle appeloit Jacques, et à qui sans cesse elle croit :

« Ramenez les ouailles, monsieur Jacques ! Ramenez ! » ce qui faisoit rire joliment le munde.

Lorsque venoit la vesprée, couchée dans l'herbe

flourie, elle se rigolloit et devisoit avecques des tas de petits gars qui venoient rôder autour d'elle, car en ce païs les jolies filles sçavent de bonne heure aussy bien qu'en pays Montmartrois ce que parler veult dire, et l'air qu'il faut chanter pour trupher les oiselets.

Rien ne estoit plus gentil et joyeulx que de voir ces damoiselins de prairie s'esbattre, et s'arracher les cheveulx pour les beaux yeux de la damoiselle. Mais combien qu'elle écoutast leur proupos, sans s'inquiéter de la couleur de leurs parolles, ne les lairroit jamais aller trop loing, respondant par un joly coup de poing au nez de cil qui lui carressoit le jarretier,—disant la chouse faicte,—qu'elle cuydoit avoir été mordue par une maulvoise bestiole.

Et le soir, lorsque reveneue au logis, elle servoit la soupe au vieulx seigneur, lui contoit de sa voix fraîche les adventures qu'elle avoit eues, n'oubliant mie de faire valoir comme elle avoit malicieusement desbouté les marjolins et quelles belles farces elle leur avoit jouées.

De quoi s'esjoyoit moult le bon Thibault, et rioit de son triple rire de vaillant humeur poictevin et disoit à la petiote, tout en lui caressant le menton : « Tiens bien ton pucelaige, ma mie, et jusqu'à la dernière heure fais tresbucher les maulvois qui te le veulent tollir, car une foys qu'il s'en ira en amusettes, point ne le reverras-tu qu'en ton resvouër — ce qui veut dire la semaine des cinq dimanches — car pucelaiges sont bestes coureuses et volatiles de leur nature, et depuis le premier pucelaige dont on ait soubvenance et qui est cil de la mère Ève, à ce que je crois, point n'a-t-on ouï parler d'un seul qui soit reveneu au nid après la volée prinse. »

A quoy respondoit l'enfant : « Oh! ne prenez crainte, monseigneur, bien le tiens et pour longtemps ! » parlant ici ainsy que agache qui hoche des noix, car qui pourrait du lendemain respondre et deviner à quelle heure il se resveiglera la matinée prouchaine? Onc ne faut-il parler aussy légièrement de l'avenir, la preuve en sera en cest escript dénichée plus loing — car souventesfoys advient-il que pour nous faire mentir, messer Destin et son bon lieutenant Azar viennent meschantement durant la nuict déranger le doigt de la Providence, et tout brouiller dessus le chapitre de notre destinée.

Or doncques, pour ne point trop dérouter les escoutans, dirai qu'on estoit alors au plaisant mois d'aoust, durant lequel en mon pays, les chaleurs deviennent si fortes qu'on irait quasiment tout nud, si la chouse ne estoit défendue par nostre saincte et apostolique mère Ecclise. Ce est vers ce temps-là que les escolliers sont lâchés ainsi que moinels à qui l'on ouvre la cage, et que tout le paouvre munde entre en joye, pource que la misère et la mélencholie vont ailleurs se pourmener pendant quelques sepmaines.

Ne sçais si dedans vostre village viennent en aoust grésil, frimas, neiges et gels, mais en Chastelleraudois, le soleil arde en grande puissance, si bien qu'il y a des filles qui meurissent en moins de huit jours et que, sans menterie, on pourrait faire cuire un œuf en plein midi dessus la terre aussy bien que dessoubs le cotillon d'une femme; aussy est-ce mirificque plaisir que de voir tout le monde s'esbattre, depuis fourmis, mouches et aultres bestioles, jusqu'aux braves gens de tout aage, — et ce est bien pourquoy notre

bon seigneur Dieu, lorsqu'il met l'œil à sa céleste fenestre, regarde plutost sa jolye province de Poictou que n'importe quel aultre coing de nostre vieille boulle sublunaire.

Adoncques, un peu avant les mestives, que vous autres dictes moissons, maistres Thibault de Maugival, sentant qu'il estoit en belle humeur ainsy que grillon dedans son trou, s'en fust par les champs pour voir un petit comment le Seigneur avoit pour le bon peuple de nostre bon païs faict son debvoir de père en jectant et parsemant partout belles et riches récoltes de toutes sortes.

Balançant son vieil chef blanchi par l'aage et les guerrières besoignes, tranchant avec son long baston la teste rouge des pavots qu'il treuvoit en son chemin, il sentoit en lui sourdre toute sa joye et sa jeunesse despartie tant il estoit ayse de humer le bon air et chauffer ses rhumatismes dessoubs le clair soleil en escoutant siffler les merles et jacasser mesdames les pies qui se racontoient toutes les nouvelles d'alentour.

Tout ragaillardi par ceste bénédiction qui tomboit dessus la campagne il se treuvoit content de vivre — ce qui poinct souvent n'arrive aux vieillards combien qu'ils ne veuillent jamais mourir. — Or comme il s'approuchoit d'un grand pré jouxte la Vienne, il entendit souspirs, qu'on eust prins pour plaintes de gens navrés, et en même temps un grand bruict d'herbes remuées comme si famille de sangliers s'estoit esbattue par là.

Mais combien que tout aultre se fut truphé à ces chouses, il estoit trop bon routier, et avait le nez trop subtil pour ne poinct deviner incontinent que ce estoit plutost beste à deux testes qui dans ce champ se rouloit parmy les fleurs. Adoncques allant d'aguet, retenant son souffle et se guardant de peter comme s'il en eust dû perdre l'aame, il s'avança dessus le bout des pieds escartant dolcement devant lui les herbes fleuries, et pensez s'il fut grandement estommi en véant un petit gippon d'estamet rouge que bien il cognoissoit, et treuvant là un gars du païs d'Autran, appelé le Grand Jacquot, lequel sous couleur de l'emouscheter et d'empêcher saulterelles de lui mordre les jambes, monstroit à Rose la quarte fasson de apprivoiser les jartiers et autres gibiers de chemise, selon qu'il est escript dedans le grand livre intitulé le *Moyen de moyenner.*

Croyez, ô dolces dames, et souèves damoiselles, que ce fust avecques grande rigolade intérieure, et haulte réjouissance intestinale, que le bon vieulx gentilhomme regarda cela. Ce estoit bien gracieulx et plaisant spectacle que de voir ces deux bons jouxteurs qui s'estoient mis au travail afin d'empescher le munde de finer ceste année-là, car pour mieulx besoigner, se estoient-ils deffeublés, et estoient-ils ainsi que nos aïeux premiers emmy le jardin appelé Paradiz terrestre. Depuis jà bien longtemps poinct ne avoit veu et admiré aussy gente chouse, et sans doubte se seroit-il oublié à les reguarder s'accoler, et s'entrebaiser comme pigeons, si en son esprit toujours adextre aux bonnes farces ne estoit entrée une idée gaillarde prouche parente de celles dont la défunte cervelle de nostre vénéré Panurge estoit coustumière.

Adoncques sans plus mener de bruyct qu'un chat qui robbe un fromaige ou lairre tomber sa fiente emmy la braise, hastivement se print à ramasser les hardes de nos deux besoigneurs, et riant en sa vieille moustache blanche ainsy que asne qui a coëffé son maistre d'un coup de sabot dessus le nez, s'en fust triomphalement comme s'il avait été Julius César enchargié des dépouilles du païs Gaulois ou de la grande espée de monseigneur Vercingétorix.

Or comme ainsy il cheminoit avecques son butin, il ne avoit point faict nonante pas qu'il rencontra monsieur le curé d'Ingrandes, lequel proufitant du soleil pour prier Dieu, lisoit ses heures en se pourmenant par la campagne.

— Hé, par ma mulle Magdelaine ! où allez-vous ainsy accoustré ? fist le prebstre en relevant le nez. Par ma fy, vous avez l'air d'un fripier juif et pour un petit, point ne vous aurois recogneu.

Lors hocquetant de rire ainsy que mousche sur miel, le bon gentilhomme se mist à lui conter la farce qu'il avait jouée, les yeux encore tout flambants de la grande joye qu'avoit eue de voir Rose nue ainsy que ver.

— Ah ! ah ! disoit-il en s'esclaffant, ceste-là est bien bonne et des meilleures d'entre les bonnes ! oncques ne ai tant ri ; je crains bien d'en rompre le pont-levis de mon hault-de-chausses ! Ah ! ah ! petiote garse ! vecy qui t'apprendra à faire la prude et la naifve en me contant comme tu desboutois les guallants ! Véez-vous ceste géline qui crache dessus les groiseilles et va brouter les prunes ! ah ! ah ! ceste-là est bien

bonne ! je cuyde que je vais en perdre le souffle si mes tripes ne se dégonflent !

Comme il disoit cela, fist un si joly pet qu'un merle qui chantait par là s'envola de l'autre costé de l'eau.

— Vere, dist alors le bon prebstre qui estoit encore à l'aage où les braguettes sont éloquentes et les cœurs chauds, m'est avis que pour nous divertir un petit debvrions retourner en arrière, pour voir ce que me dictes. Grandement seront-ils penauds et déconfits d'estre ainsy surpris, et pourrons les morigener ainsy qu'il convient.

A quoy le seigneur ayant consenti, vecy mes deux bons compagnons qui s'approuchent à pas de loups, du buisson où s'estoient cachés les amoureux. Et, à l'umbre d'un pommier les treuvèrent-ils tous deux endormis, grandement fatigués qu'ils estoient d'avoir labouré le champ que vous sçavez.

Par mon sainct Patron qui n'est point emmy les almanachs ne calendriers — ne sçais pour quoy, car nul n'ignore qu'il fust bon buveur et joyeulx encorneur de maris, par mon sainct Patron, défunt piéça, je puis sans entrer en déplaisance avecques Dieu, jurer que nos deux compères furent à ceste heure là contents plus que jamais ils ne l'avoient esté de ne poinct se sentir aveugles. Seurement, tout le monde a la même joye et pareillement loue-t-on le Créateur de ne pas estre boëteux, cul-de-jatte ou privé du service de sa langue, mais faut-il trois foys bénir le Paradiz lorsqu'on se treuve véant bien clair devant spectacle pareil à cil qu'ils aperçurent.

Jouxte le grand gars, qui la teste emmy le feuillage dormoit, le bec ouvert, le nez dessoubs le vent, et les poings fermés ainsy que un petit pourcelet qui a mangié sa pastée et dont les trippes, boyaulx et gésiers sont satisfaits, la petiote pucelle déjobelinée estait étendue parmy pasquerettes, thyms, boutons dorés, et pavots, — jambe de cy, jambe là, laissant

sinon voir, deviner aux yeux, par quel huis desclos se estait desparti le gentil prisonnier que elle cuydoit si bien tenir en son servage — ignorant sans doubte que nature maîtresse du monde possède clefs, crochoirs et passepartouts pour deverroiller quand bon lui plaist, ces portes-là quand bien même elles seraient enguarnies de fer et guardées par triples sentinelles dragonnières jetant feu par gueule ou par vieilles sorcières espaignolles appelées douegnas.

Deschevelée ainsi que bacchante fourbeue par la dance flacconique, la tête ainsi qu'une saincte nimbée d'or, elle avait la bouche mi-fermée, lairrant arder autour de sa langue incarnadine ses petites dents de souris, blanches ainsi que lait.

Les testons durs et menus, égraphignés par les ronces, se levaient droits, flouris de pourpre, allant au gré de son souffle, et les rayons du soleil se venoient jouer comme follets dessus son ventre doulx et poly alentour de son nombril déificque ainsy que jadis le soleil antique venoit caresser le corps vénéré des statues grégeoises.

Ses bras maigriots et gracieulx estoient tombés à ses costés, ainsi que cils d'une gleneuse lasse d'avoir ramassé les gerbes, ou d'une hamadryade fatiguée d'avoir couru parmy les bois et futayes ; et dessus son corps souef que les zéphirs sembloient enguarder de toute ombre malivole, parpaillons et abeilles s'en venoient faire leurs tournois éclatants sonnant de la trompe, et bourdonnant comme si c'eust été flour — et la plus belle du munde.

Là restèrent nos deux compères durant une heure pour le moins, car depuis jà un longtemps ne avoient-ils veu aussi mirificque chouse. Qui sçait même hormis nostre Seigneur Dieu, — s'ils n'y seroient encore à l'heure où je parle — un peu plus vieils sans doubte

— si un asne qui par là broutoit le chardon, ne se estait mis à braire horrifiquement et ne avait tiré la jouvencelle de son sommeil. Incontinent elle ouvrit ses grands yeux qu'avoit mis en langueur la bataille d'amour ; lors se véant ainsy reguardée poulsa un si grand cry qu'elle resveigla le villain.

— Eh bien ! dist le gentilhomme, prenant sa voix de vieulx soubdard, eh bien ! petite gouge, est-ce ainsy que tu mets en oubliance les bons préceptes que t'ai baillés pour venir donner la flour de ta cresme virginale et primevere à ce lourdaud ? Par la Vierge voilà qui est bel ! aussy pour pénitence et repentir vas-tu venir ainsy que te vecy adornée et accoustrée jusques à mon logis afin que chacqun saiche et que nul ne ignore à quel joly mestier tu brusle tes loisirs.

Ce que oyant la paouvrette, se cachant le visaige emmy ses cheveulx se prist à sangloter piteusement, entandiz que le gars, ne sçachant de quel costé souffloit le vent non plus que s'il mangeait lard, cochon, jambonnaille ou saulcisse, se mit à plourer ainsy que veau qu'on mène au coustel.

Lors dist le prebstre qui jà flairoit quelques pintes de bon sang à sous-tirer de la boutique de l'avenir.

— Monseigneur, vous êtes bien dur pour ces enfants ! Baillez leur pardon et oubliance de leur faulte à l'exemple de nostre maistre Jésus, s'ils veulent faire pénitence et m'escouter.

Adoncques se tournant devers le paysant qui continuoit à n'y démesler goutte et à ne point sçavoir s'il broutoit porchaille ou cochonnerie, couenne ou lard :

— Hé! hé! dist-il; hé! hé! mon joli gorret! tu cuydois venir prendre tes esbats dessus le champ d'autruy, et mangier le fromaige de ton voisin, mais bien grandement te vecy truphé à l'heure qu'il est, car tu as petri ta proupre paste, et cuyt ton gastel dans ton proupre four. Autrement veulx-je dire que tu prendras pour espouse aux vendanges, ceste damoiselle-cy! Et quant à ce qui est de vous, maulvoise petite garse, viendrez au  presbytère jusqu'au jour du mariage! Cela vous ostera l'envie d'aller despendre avant la feste, la prouvision que Dieu vous a baillée. Allez! ça! habillez-vous, et vistement retournez-vous par le sentier qui tourne emprès la Vienne et vous par le chemin d'Ingrandes.

Et tout marcha ainsy que le bon prebstre l'avoit dict. Rose estoit le soir même à son service, et bien que ne vouldrois aulcunement azarder parolle de nuysance envers cestuy curé, je cuyde fort qu'il lui monstra chouse aultre que laver les escuelles, balayer le presbytère, ou allumer les cierges, car au jour des nopces nostre Jacquot treuva sa dame aussi instruite que si avoit toute sa vie esté à l'escolle ; ce dont tant il fust estonni qu'il lui dist :

— Par ma fy! m'amie, monsieur le curé vous a donc baillé leçons de chevaulchée!

Mais de ce me garderay bien de tenir crime aulcun, ni malveillance au curé, pource que bonne femme, avant que d'entrer en ménage aussy bien que rincer les piots, et parachepver les brouets et saulces, doit sçavoir accommoder aultres mets plus délectables, qui se mangent emmy le lict, avecques les linceulx en guise de nappe.

Et, chaque jour, tandiz que nostre bon Jacquot, s'en alloit au champ, nostre gélinette s'en venoit avecques monsieur le curé deviser des propos que personne ne a jamais sceus.

Ainsy marchèrent les chouses, et probablement rien n'y auroit été changé jusques à la mort de l'un d'eux, si monseigneur le sénéchal de Poictou ne estoit par un beau matin passé dans le païs accompagné de ses hérauts et sonneurs de trompette

Adoncques comme il prenoit son déjeusner à la table du prebstre, s'arrousant fort l'oubliette stomachale avec le petit vin chinonnois qui est dans toute bonne cave ecclésiasticque, remarqua cette belle fille qui servait à boire dessoubs ses habillements grossiers, et comme elle estoit à sa plaisance avecques lui l'emmena dans sa sénéchaussée, la faisant incontinent monter dessus sa plus belle hacquenée blanche.

Ah! mes amys, belles dames et demoiselles pucelles ou aultres, ce fust un grand bruyt dedans Poictiers, vous prye de le croire, lorsque l'on vist ceste perle que avait desnichée le sénéchal.

Onc depuis plus de vingt' ans ne se estoit veue aussi jolie dame d'amour, et d'un fil ou d'un peu moins, elle fust partie à la cour de France. Mais ce estoit de ces femmes qui aiment leur païs par dessus tout, et demeurant à Poictiers, devint royne des haultes courtisanes de cette ville, et fust en soubvenir de Jacquot son mary baptisée, sans sel ne eau, la Jacqueline par les seigneurs poictevins.

Estant doncques devenue la bonne amye du sénéchal, lequel estoit vieil et goutteux, despendit à droite, à senestre et ailleurs, sa grande ardeur amoureuse, et dedans les annales du païs, il n'est point parlé qu'elle aye onc refusé service de son corps mirificque à quiconque avoit belle mine et l'escarcelle bien garnie.

Parfois même, lorsque la phantaisie lui en prenoit, elle alloit s'esbattre avecques de gentils clercs et poètes lesquels n'avoient sol, croix ni pille, et de ce ainsy que de l'aumosne qu'elle bailloit aux paouvres gens, Dieu lui tint compte, en la rendant la plus riche de la contrée.

Si bien que estant vieille deveneue, et se estant retirée dessoubs le mantel de la dévotion et la protection de madame la Vierge, elle donna cent mille escus d'or pour parachepver l'ecclise de monsieur Sainct Pierre.

Ayant ainsy usé sa vie à l'amour, oncques n'ayant à personne fait mal aucun, aymée de tous, elle mourut avecques la grâce de Dieu et sa place en Paradiz en la septante sixiesme année de son aage. — Et sur sa tumbe furent en latin ces paroles escriptes:

Cy-gist
La Jacqueline dicte Rose Poupin.
qui fist l'amour toute sa vie durant.

XIII

PIERRE DE LA BRELANDIÈRE

A Messire Paul Ginisty, bon scripteur de romans, grand maistre en la science des chouses du temps passé et premier chroniqueur de l'histoire des libvres d'aujourd'huy, d'hier et de demain, je baille cestuy conte pour soy reposer des lectures académiques.

XIII

Pierre de la Brelandière.

En cestuy temps là y avoit encore des Pyrénées, car le peuple de France estoit en liesse et réjouissances, pource que le bon roy Françoys s'en revenoit d'Espaigne où il avoit été tenu prisonnier; et le gay sire estoit content plus qu'on ne sauroit dire de revoir son joly royaulme, car combien que Espaignes soient le païs des pieds les plus petits et des plus grands yeux, la parolle de maistre Villon restera éternellement vraye : *Il n'est bon bec que de Paris !*

En cestuy temps, dis-je, y avoit en le Carrefour-Joyeulx à Chastellerault un respectable bourgeois, lequel bien apparenté, riche de biens, terres et aultres plaisants revenus, se nommoit Blaise Pacault, et estoit marié depuis deux années seulement avecques une fille de Poictiers, dont rien ne diray pour ce qu'y sont-elles toutes jolies ainsi que cerises à Montmorency et pruneaux en Touraine. Ce dict bonhomme Blaise, estoit ainsy que tous Chastelleraudois qui tiennent en honneur leur renom, plus enclin à vuider les piots et décapuchonner les bouteilles qu'à chanter matines, voire même vespres ; et en ce avoit il grand tort, car pour oubliance des chouses sainctes et négligence envers Dieu peut-il advenir force chagrins et estrifs à cil qui n'y pense guère.

Mais le sieur Pacault n'avoit cure des reprouches et remonstrances de son curé et menoit joyeulse vie, avecques un aultre bourgeois sien amy dont le nom estoit Jacques Mesnard, lequel estoit aussy en possession de femme pource qu'il avoit espousé l'année d'avant la propre fille de messire Gilbert Corneau, échevin de la ville.

Leurs logis n'estant guère éloignés l'un de l'aultre que du chemin qu'un sonneur peut faire entre les deux verres qu'il boit, ils s'en venoient presque chacque jour rigoller ensemble, collationnant tantost chez cil, l'aultre foys chez l'aultre, et prenoient en francs raillards qu'ils estoient le temps comme il avoit phantaizie de venir, se maulgréant mie contre pluye ou soleil, et n'ayant pas plus soucy du lendemain qu'un varlet de chambre du crottin des mousches.

Aussy, comme bien vous cuydez, estoient-ils heureux comme lézards, de vivre, voir clair, dormir et manger à leur aise, et partageoient tout entre eux, fors leurs femmes, dont chacqun estoit grandement jaloux à ce qu'on m'a conté.

Adoncques vers le temps de la Saint-Roch qui est la mie-aoust, comme on s'apprêtoit à fester le trez-puissant pèlerin qui jadis, au temps où le vieil Charles Martel fils de Pepin houspilloit les Sarrazins maudicts emprès Poictiers, — chassa honteusement dame Peste qui s'estoit establie emmy le païs, jectant partout mort et désolation — ce pourquoy fust-il choisi comme patron de la ville; — vers la mie-aoust dis-je, s'en vint rendre visite à son cousin Pacault, un gentil jouvencel, apprentif es-sciences théologales en la ville de Poictiers, lequel si poinct n'ai perdeu mémoire, s'appeloit Jacques d'Autran ou Pierre de la Brelandière. Mais peu en chault aux trez-vertueuses dames qui se délectent à ouïr cestuy conte; mieulx aimeront-elles sçavoir peut-être qu'il avoit d'aage dix-sept printemps environ et estoit aussy joly et bien tourné de visaige et de prestance qu'une pucelle de bonne maison, encore qu'il eust pu remplir aisément la grande armure de monsieur son père.

Comme le dict Pierre de la Brelandière — ainsy soit son nom pour ne point brouiller l'entendement aux dames — estoit en grande rigueur en son collège et estudoit moult, estoit-il puceau comme marmouzet de six mois...

Poinct ne se doubtoit combien femmes sont merveilleuses créatures, cuydoit bellement enfançonnets venir emmy les choux en dessoubs la sallade, et ne véait entre hommes et femmes différence aulcune, fors le costume, et pour cela pensoit qu'il falloit estre pour le moins docteur en toutes sciences et prince de toute les Sorbonnes pour distinguer garçons de filles à leur veneue en cestuy munde.

Si, oyant ce discours ne me croyez, aurez grand tort, car au vieil temps ne véoit-on point les escholiers desbauchés et pervertis comme aujourd'huy, où s'en vont ainsi que disciples de Satan perturber leur ame es bourdeaulx, et aultres maulvoises maisons, lorsqu'à peine ont-ils fini de tester — quasiment, veulx-je dire.

Pensez doncques, comme fust grandement estommi de voir la vie gaillarde que maistre Mesnard et son cousin menoient en leur chacqunière. — Pourtant, combien qu'il en fust moult esmerveillé, et scandalisé un petit, treuvoit-il meilleur estre à Chatellerault, qu'habiter emmy les murs de son vieil collège, où tout n'estoit qu'odeur de parchemins et parfuncts rances de pédagogie. Au disner, comme les deux compères pour s'amuser de sa naïveté, le mettoient entre les deux femmes, rougissoit comme écrevisse dans le bouillon et sentoit pointer en lui appétences et dézirs qui partout lui boutoient le feu sans qu'il en pust sçavoir la cause.

Et les bonnes dames se gaudissoient en elles-mêmes comme agaches qui treuvent une cuiller, et souventes foys pensoient-elles, encore qu'elles aimassent fort honnestement leurs marys, que ce seroit œuvre bienfaisante et plaisante à Dieu que faire cognoistre à ce gentil clerc les mignottes joyes de la vie et lui faire entendre ce que si bien entendez avant qu'aye seulement soufflé mot. Mais maulgré ce mouvement généreux de leurs cœurs, n'osoient-elles s'y rendre en crainte des enfers et gehennes mauldictes ou de quelque aultre punition moins lointaine.

De toutes ces chouses, advint que bruslé par le feu qui ardoit en lui, et dévoré par sa trop grande continence, Pierre de la Brelandière fina par choir en grande mélancholie et langueur, devint palle, souffreteux et si piteusement triste que ne mangeoit plus que du bout des dents et à toutes questions respondoit en soupirant qu'il ne souffroit mie.

Cependant, vint le temps des vendanges poictevines Comme nostre bon Pacault avoit prouche Ingrandes un grand clos qui lui venoit de son arrière grand'-oncle, vint prier Mesnard et sa femme y venir pour la cueillaison; et print avecques lui le clerc.

Et ce n'estoient de l'aube à la nuictée emmy la campagne et le clos avunculaire que parties de joye, où l'on s'esbattoit par les vignes, égrenant le raisin de chacque cep afin de voir lequel estoit meilleur que l'aultre.

Et tout en suivant la compagnie, le jeune escholier ouvroit tout grands des yeux bleuets devers les affriolantes filles de campagne qui coupoient les grappes, et en leur accoustrement négligé lui sembloient-elles appétissantes et dolces, plus que tout et par-dessus tout, encore qu'il ne sût pourquoy ; et faisant mine de

cueillir le raisin se penchoit vers elles pour mieulx voir et admirer leurs testons blancs, fermes et fleuris, lesquels par leurs camisoles entr'ouverte s'amusoient à montrer le nez, et prenoient l'air à la fente des gorgerettes. « Ah ! pensoit-il, comme les baiserois bien ! » et ne comprenoit point pourquoy.

Parfoys aussy, couloit légièrement son regard en

dessoubs et examinoit leurs jambes rondes, leurs jartiers, et les petits morcels de cuysses qui se lairroient voir, comme s'il eust deviné ou pronostiqué qu'alentour estoient vendanges à faire pour guérir sa maladie et lui tollir son humeur dolente.

Notez, mes dames, que le bon raillard Pacault ne le perdoit de veue, et, avecques les aultres lui jectoit au nez cent brocards de ceste sorte.

— Eh! petiot, la honte ne vous estrangle-t-elle point d'ainsy traisner emprès des paisannes; ne sçavez-vous poinct que c'est là grand péché qui peut vous conduire en grand'erre de purgatoire, en enfer et peut-être plus loin encore?...

— Vere, respondoit Pierre, et pourquoy?

Et toute la bande de s'esclaffer comme une famille de moinels sur un vieil hault de chausses, ce qui moult froissoit le paouvre clerc, lequel avoit peine à tenir ses larmes.

Un jour doncques que vers midy, il s'estoit retiré au loin, en une grange pour soy reposer de la grande chaleur, se préparoit à dormir un petit en attendant mieulx, lorsque soubdain entendit bruire parmi le feurre, comme si gerbes s'estoient mises à danser ainsi que racontoit le saige Joseph avoir veu en ses songes.

Il cuydoit resver aussi, mais ayant ouvert l'œil, vit que le bruict venoit d'un grand gars de son aage qui culbutoit une accorte bachelette de la vendange. Et l'ayant culbutée emmy les espis vifvement la troussa et se print à la baiser à belle bouche.

Pensez, dames très vertueuses, combien fust ému et surprins nostre petit clerc ! Pendant un petit moment garda son souffle, cuydant ce maulvois la vouloir occire meschantement, mais aussitôt treuva que c'estoit là pensée folle, puisque la fille ne cryoit mie et ne se défendoit. Et bientôt vist bien que tout au contraire ce estoit un petit jeu qu'encore ne cognoissoit, et auquel estoient d'accord tous les deux.

Doncques continuant reguarder de toute la grandeur de ses yeux devina incontinent qu'histoires de choux et de sallade sont mensonges inventés pour les marmouzets, et soubdainement se treuva ouvert son entendement tant et si bien, et son cœur si fortement eschauffé qu'il en poulsa un grand cry.

Vecy mes deux jouxteurs qui cessent le combat et la fille qui tost se musse emmy le feurre comme oiselle en peril, entandiz que le gars se saulvoit de toutes ses jambes, animé de la plus grande paour qui fust.

Lors vitement le clerc se mit à chercher la fille dans les gerbes disant de sa voix doulce :

— Holà ! Catherine où estes-vous boutée ? Ne craignez rien. Ce est moi, Pierre de la Brelandière. Venez donc çà que je vous parle un petit.

Lors, la Catherine sortit de sa cachette toute deschevelée, ses gippons de cy de là, et s'en vint toute rouge emprès du clerc.

— Vere, dist-il, sçavez-vous bien que mon cousin vous feroit félonnement bastonner et fouetter, et vous bouteroit hors de son service s'il cognoissoit à quel

jeu vous usez sa paille? Debvrois bien l'en instruire, mais point ne lui dirai ce qu'ai veu si voulez m'apprendre ceste chevaulchée que j'ai grand'faim de sçavoir, car onc n'en ai rien veu dans mes libvres, encore qu'ils soient des plus fameux aucteurs de l'antiquité. Et la voulant renverser comme l'aultre se mit aussitôt à l'accoler.

— Oh! respondit la paisanne, que la bonne mine et dolce tournure du jouvenceau esmouvoit et perturboit grandement, voulontiers vous monstrerai à *chasser le dyable*, car c'est ainsy qu'on nomme ce jeu là, et c'est le joly jeu de mariage si voulez sçavoir, auquel je prencis quelques primes leçons, pource que vers la Sainct-Martin, vais-je bailler ma main à cest gars qu'avez veu s'enfuir.

La damoiselle estoit fraische comme fruict nouveau, rondelette et si joyeulse, et si bellement pourveue d'icy comme de là que nostre muguet en eust grandes joyes, satisfactions et plaisirs. Aussi comme bien cuydez proufitèrent-ils de l'occasion pour pourchasser tous les dyables qui s'estoient malignement mussés en eux. Et le soir veneu, s'estant rencontrés, comme ils estoient conveneus, recommencèrent leurs amusettes afin d'empescher les dyables de revenir — car à revenir sont promptes ces bestes dangereuses — et si bien s'y prinrent et s'entendirent que personne ne soupçonna ce jour ni les aultres, nostre gentil clerc s'estre si vaillamment déniaisé.

Lorsque venoit l'heure de manger, Pierre de la Brelandière feignoit estre demeuré naïf, baissoit les yeux hypocritement fermoit les oreilles aux proupos joyeulx, demandant pourquoi coqs prenoient plaisirs à toujours tourmenter les paouvres gelines, ce que faisoient les palombes et mille autres chouses, dont nos quatre bons amys rioient grandement en se pinçant les jartiers dessoubs la table.

Et lorsque furent reveneus à Chastellerault continuèrent bailler leurs mocqueries au paouvre clerc, lequel jura s'en venger joliment si tost qu'en viendroit l'occasion, laquelle lorsqu'elle n'est lente venir, arrive aussitost qu'on a le dézir de lui prendre les cheveux. Ainsy fust-il en ceste histoire.

Vecy doncques qu'un matin après le primo angelus, un grand dyable de varlet vestu de noir et tout couvert de poussière tomba en la maison de Pacault apportant un message, lequel mandoit en toute haste le dict Blaize en la ville de Tours où il avoit un grand procès pendant, par devant messieurs de l'Officialité.

Or, comme nostre bon bourgeois avoit en ceste affaire grand besoin du témoignage précieulx de son voisin Mesnard, se départirent-ils ensemble montés sur leurs chevaux les meilleurs, après avoir baillé comme chevaliers partant en guerre le baiser d'adieu à leurs dames.

Et les dictes dames de plourer un petit pource qu'elles avoient perspective de jeusner un long temps du mets qu'elles aimoient par-dessus toutes tartes et confitures, aussy à cause d'un certain ruffian du nom de Gastebourse qui lors désoloit le païs par ses maulvoises farces et félonies.

Adoncques s'estant concertées, après moult discours et débats de toutes couleurs, ainsy que femmes en soulent faire, convinrent-elles que la maison de maistre Mesnard seroit fermée, et que sa femme s'en viendroit coucher avecques son amie, ceste-cy tenant en grand' paour les spectres, revenants, farfadets, feux fols et aultres esperits du munde malin.

Pensez bien que nos deux compaignons partis sur le chemin de Touraine le logis devint bien triste, et les repas longs et pleins de mélencholie. Sans cesse les dames s'entrechamailloient avecques leurs meschines, lesquelles estant vieilles, se prenoient pour des mères-grand' et ne vouloient rien faire à leur voulonté.

Les jours ainsy s'écouloient piteusement, et jà s'estoit passée une sepmaine depuis que les deux amys s'en estoient allés, lorsqu'une belle nuict — Dieu m'est tesmoing que la lune ardoit ceste nuict-là — vecy que dame Pacault se print à s'effaroucher, maulgré la compaignie de la Mesnard, si bien que ceste-cy pour la rasseurer, confiante en la grande naïfveté de Pierre qu'elle tenoit toujours pour nice et puceau, s'en vint en chemise le treuver emmy sa chambre lui disant :

— Or ça mon mignon, venez vite avec nous coucher ; vostre cousine est en grande frayeur et n'a fiance qu'en vous pour la défendre des maulvois démons.

L'escholier la suivit et treuvant sa cousine agenouillée dessus le lict, montrant ses beaux tettins qui se dressoient comme paons, et ses épaules blanches et dolces, en eust l'eau à la bouche et dist :

— Eh! que vous advient-il donc, ma cousine m'amye?

— Oh! dist la dame, viens vite emprès de moy, j'ai bien peur que le dyable ne me vienne tollir si ne dis tes oraisons et litanies à mes costés.

Et tous trois se couchèrent, le clerc au milieu des deux dames — à quoi sans en rien dire, elles sentirent aussitôt qu'il avoit la peau aussi dolce qu'elles — est-ce à dire un peu plus que le bon roy Dagobert lequel l'avoit noire et dure comme un corbel à ce qu'asseure messire Henry Pille.

Et comme bien pourrez le croire sans peine aulcune, le clerc se mussa entre elles, et s'étant mis à réciter ses litanies s'embrouilloit moult, disant :

Sancte Johanne, et cum spiritu tuo, ora pro nobis !
Sancte Ludovico, dominus vobiscum !

Car ses jambes estoient grandement tourmentées du voisinage des cuysses faictisses et chauldes des deux dames qui se serroient emprès de lui de paour d'estre prinses par les démons de messer Satanas, et vrayment le dyable qu'elles cuydoient estre en la chambre s'estoit-il bouté en lui.

Finablement, les deux commères se prinrent à dormir ; mais le paouvre escholier ardant de toutes parts ne pouvoit fermer l'œil, et se trémoussoit et gehaignoit et soupiroit tant que dame Mesnard se resveiglant, lui demanda :

— Eh ! qu'avez-vous donc, mon amy Pierre ?

Oh ! dist-il, j'ai grand'paour de mourir, car si fort me brusle le ventre que j'en suis à demy consumé !

Et vecy qu'à ceste réponse madame Mesnard se mit à rire de si grand cœur qu'elle resveigla aussy sa voisine qui demanda :

— Qu'advient-il de nouveau ?

Et lui ayant conté ce que disoit le jouvenceau, toutes deux redoublèrent de gayeté se roulant emmy les linceulx comme deux folles qui seroient possédées du mal de monsieur Sainct Guy. Et comme Pierre honteusement se mussoit emmy les linceulx.

— Vere, dist la Pacault, m'est advis que c'est grande cruauté, felonie et maulvoiseté diabolicque de railler ainsy ce paouvret; au contraire debvrois-tu si tu estois bonne christiane le guérir du mal qui le navre, puisque ton mary t'a lairrée seulette et peut-être à cette heure prend ses esbats avecques des ribauldes!

A quoi respondit la Mesnard, qu'elle vouloit bien, pourveu que toutes deux missent la main à la farine et que la seconde parachevast ce qu'auroit commencé la première; ainsy souventes foys font les médecins qui sont trois ou quatre pour jecter un paouvre dyable en l'aultre munde.

— Poinct ne refeuse, dist la dame Blaize, mais n'est-ce point là péché grand pource que sommes cousins, et ne m'en tumbera-t-il point excommunication?

— Oh! fist l'aultre, la miséricborde de Dieu est infinie! et sa cholère sera moins grande de te voir pescher avecques lui que de le lairrer piteusement mourir comme hérétique!

Bref, s'enhardissant, la bonne dame Mesnard attira l'escholier emprès d'elle, lui disant :

— Viens çà, petiot, mais sur ton salut ne le dis onc, car ton cousin et mon mary nous tueroient tous les trois comme bestes malfaisantes, et l'ayant dolcement baisé l'accola : Et fust cocqu le paouvre Mesnard en un clin d'œil, et si bellement que c'est plaisir de le dire.

Cependant qu'ils devisoient mignottement, l'aultre dame s'eschauffoit moult, et s'affamoit. Lors print à son tour le petiot qu'il n'estoit encore guéri. Et vist qu'il n'estoit tant escholier qu'il sembloit l'estre en la fasson de chauffer les linceulx.

Et si bien travaillèrent à la guérison du paouvre malade mes deux commères, qu'il se trouva le lendemain estre le gentilhomme le plus frais et le mieulx portant de la terre.

Ce dont grandement s'esbahirent les deux dames, car elles cuydoient le treuver fort desconfit d'avoir si bien faict la besoigne de deux marys.

Et dura ce joly manège jusqu'au retour des deux compaignons.

Lors tout piteux et triste s'en retourna l'escholier devers le collège, ayant baisé les deux dames et emportant emmy ses livres petites mesches de leurs cheveulx lesquels estoient blonds pour l'une et pour l'aultre noirs comme enfer.

Et devint plus tard curé et si bien sut traicter ses ouailles, et les tenir en joye et leur chasser le dyable du corps qu'il en devint archevesque de Lyon, et mourut honoré de tous en la nonante et unième année de son aage après avoir confessé septante-trois duchesses, septante princesses et une aultre qui fust royne de France !

XIV

LA DÉVOTION DE JACQUES DE LA PILLARDIÈRE

A Messire Aurélien Scholl, sénéchal ds l'esbaudissement quotidien du vieulx Paris, — je baille cestuy conte pour le remercier d'estre parti en croisade contre les pessimistes et d'avoir combattu pour guarder à jamais saulve, la gaieté immortelle du joly païs de France.

XIV

La dévotion de Jacques de la Pillardière

Au temps où grandement les huguenots festoyoient et s'esbattoient en nostre benoist et tant joly comté de Chastellerault pour ce que les Poictevins qui sont gens aimant moult nouveautés en leur vie et nouvelles dames en leurs courtines s'estoient comme fols dont l'esperit est broillé, férus de ceste maudicte religion du dyable, — vivoit prouche le moustier de messieurs les capucins, variets perpétuels de Sainct-François, un vieil gentilhomme appelé Jacques de la Pillardière.

Combien que les guerres et les années lui eussent cassé quelques dents, blanchi le chief et ruyné le visaige, il estoit encore droit comme son espée et solide comme un ruffien. Toujours levé avant le soleil, il se pourmenoit par monts, vaux et forêts poursuivant le lièvre adextre, la perdrix rusée, et le sanglier qui est le cochon des bois, et l'aïeul de toutes charcuteries, jambonnailles et andouilles.

Mais, point ne suivoit-il l'exemple des chasseurs qui sont rogues et hargeux, et ne pensent qu'à batailler, car voulontiers oublioit-il les cerfs en leurs futaies, pour courir cailles coëffées et décoëffées lesquelles, au dire de M. Pline le Vieil, sont les plus friands morcels qu'on se puisse bouter dessoubs la dent et contrairement aux aultres gibiers, ne valent rien lorsqu'elles sont faisandées, ou aultrement quand elles sentent le vieulx chien mort, — pour vous parler révérentement.

Ce dict messire Jacques de la Pillardière estant plein de dévotion pour saint François et pour saint Antoine, monsieur le prieur des capucins véoit d'un œil doulx et indulgent, son amour pour le joly pesché de paillardise, disant que si le Seigneur Dieu lui avoit baillé telle passion, c'est que sa voulonté estoit qu'il fust ainsy basti ; aussy se guardoit-il bien paouvre serviteur de Jésus d'aller contre le veuil du Seigneur, pensant qu'à l'heure dernière il seroit bien temps de calmer la cholère divine avecques les prières du couvent.

Aussy comme bien vous pensez, le gentilhomme tenoit en grande amitié et estime ce bon frocard, et ne juroit-il que par la barbe de Dom Nicolas Serreau — car ainsi se nommoit l'excellent moyne.

Il avoit faict don de ses chasteaux, terres, domaines et argenteries à l'abbaye, laquelle grandement ruynée et desconfite par ceulx de la mauvoise religion, avoit bon besoin de réparer son ecclise, et reguarnir son cellier lequel avoit esté vuidé si jolliment qu'il n'y restoit plus seulement de quoi guarir la soif des frères questeurs lorsqu'ils s'en revenoient de voyage.

Cependant, encore que le tabellion eust passé par là comme on dit chez nous, — maulgré qu'il eust escript moult grimoyres et paraphé testaments et parchemins de toutes sortes, le moyne sachant combien grimaces et soubris de filles ont puissance sur les vieilles cervelles — autant que sur testes de jouvenceaux, — avoit-il l'œil vigilant et la main légière pour que toutes ces petiotes dyablesses ne touchassent poinct à l'escarcelle du gentilhomme pour ce que ce estoit l'argent benoist de l'ecclise.

Aussy commandoit-il à ses questeurs de glaner en leur route bonnes petites pucelettes nices et poinct malignes, faciles à esjoyer et contenter d'une coëffe ou d'un cotillon de futaine. Et quand ces meschines de linceulx estoient depuis un petit temps au service du bonhomme, afin de ne point trop le lairrer à l'accoutumance de la même cuisine, il les renvoyoit légièrement dans la campagne avec une sizaine de sols dans la poche, leur disant d'aller voir si aron-

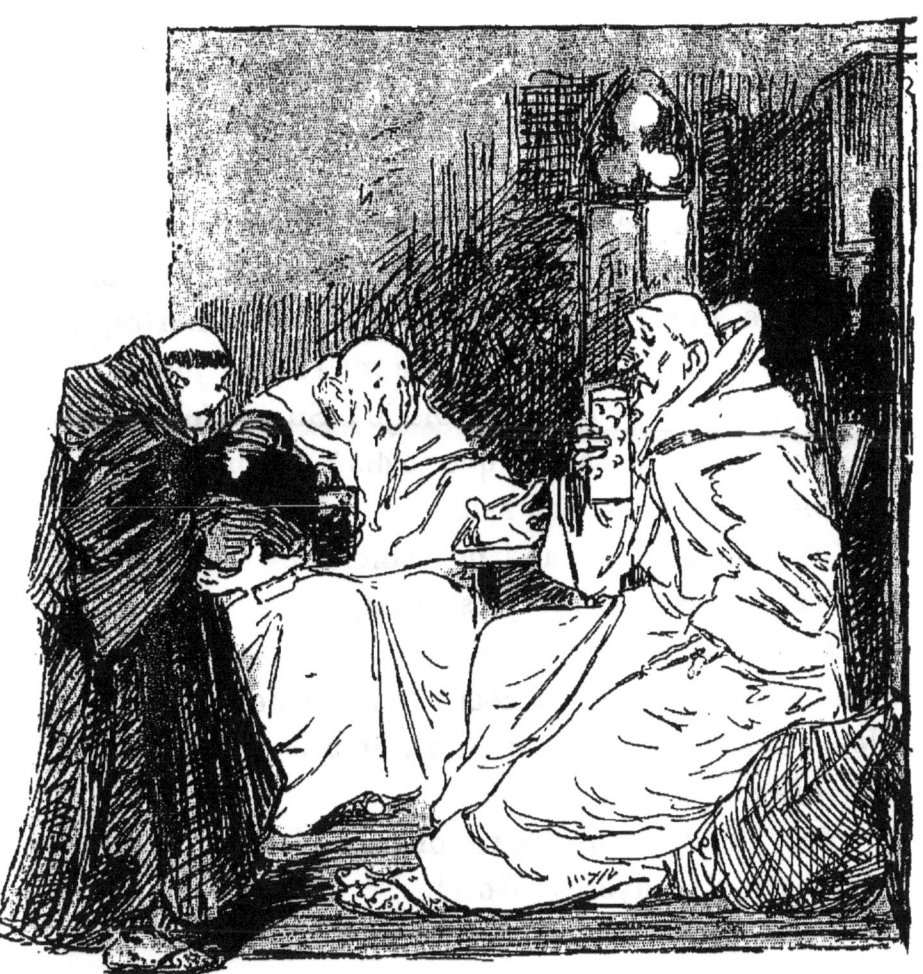

delles estoient revenues, si avoines seroient bonnes, ou si l'hiver estoit prouche.

Et point ne le blasmerez, mes dames, d'avoir ainsy faict pour ce qu'il n'est point de maulvois moyen pour glorifier le Seigneur. Cela est si vrai que sans doubte aulcun, vous donneriez asile en vostre logis au sieur Coqüaige si vous pouviez en truphant vostre mary conquérir la grâce de Dieu ; et si d'icy à demain, elle se peut achapter de ceste fasson-là, je vous souhaicte bien de l'avoir en escorniflant la teste de vostre bonhomme, si la chouse ne est déjà faicte et refaicte — car ce est bien le plus plaisant jeu que je sçache !

Vere, je cuyde que le dyable m'entraîne encore à discourir dans les terres du voisin ; ce est une vieille habitude que j'ai prinse es païs de Montmartre, et par ma fy je crois bien qu'elle me restera jusqu'à la mort. Adoncques où en estois-je ? Suis-je fol à ceste heure cy que ne sais ce que je dis ? Aurois-je perdeu mémoire, ou bien beu sans m'en doubter une fiole de chinonnois ? Ah ! ah ! m'y voici ! Je crois que vous disiez que vostre mary est cocu, ma dame ! Ce est très bien ! remerciez le ciel d'avoir jecté ce miracle dessus vostre toict, car cocus ont plus de chance dans leurs deux petits detz qu'il n'y en a en une aulne de chorde de pendu !

Vecy doncques que je retrouve l'endroit où je estois demeuré n'a guyeres ! Noël !

Adoncques vers le mois de juin qui est le mois le plus ardent de l'année pour ce que frimas sont en autres contrées et que toute la nature muguette depuis les fourmis jusqu'aux chamels et aultres bestes, — comme deux frères questeurs après avoir beu un piot dans le bois s'en retournoient devers le moustier, en longeant le ruisseau de l'Envigne prouche le village de Besse, et qu'ils ne songeoient à mal aulcu-

nement, aperçurent qui se baignoit à l'ombre des saules et roseaux, une bachelette qui ne avoit guères plus de seize ans.

Notez que elle estoit nue comme espée au vent ou Venus païenne, ce qui veut dire que elle ne estoit vestue que du soleil qui lui tomboit dessus le dos.

Ainsi que fleur fraischement espanie, toute rosée, elle s'esbattoit comme une petiote nymphe, lairrant traîner ses longs cheveulx d'or parmy les nénuphars qui ouvroient leurs grands yeulx jaunes pour mieulx voir ses testons fermes, et attrapoit dans l'herbe des parpaillons et damoiselles des bois ainsy que font les enfançonnets en desvallant de l'eschole.

— Houm! hum! hom! firent les deux moynes en véant ce joly morcel! Houm! houm! et comme chiens dressés à flairer le gibier, ils tendaient le nez vers la petiote qui ne les entendoit mie.

— Oh! oh! dist alors le plus vieux qui s'appeloit frère Benoist, sçavez-vous bien ma mie, que si les malandrins qui courent la campagne vous trouvoient icy, ils vous prendroient tost! Et par Dieu je vous jure qu'ils auroient vistement faict de balayer vostre pucelaige! Et pour cela auroient-ils grandement raison, car faut-il se guarder comme de la septième cheminée infernale d'exciter au péché les créatures de Dieu en leur boutant par l'œil ou l'aureille maulvoise pensée dedans la teste.

Quand la paouvrette entendist le frocard parler de la sorte eust-elle grand paour, se cuydant déjà dapnée, et voulut-elle se cacher, mais vainement se déroboit-elle, car l'eau estoit claire, et l'on véoit parmy les rides du ruissel ses cuysses dolces et blanches, et même son ventre poly — et vous sçavez bien gentes damoiselles qui m'escoutez, que lorsqu'on voit le ventre on ne sauroit plus rien musser.

— Oh! oh! dist à son tour frère Boniface, celui qui tant aimoit l'anguille — oh! oh! tu es comme biches et outardes qui se cachent le nez et cuydent qu'on ne voit rien ailleurs; mais par le nombril de la sénéchale, si nous ne véons ton visaige, bien pouvons voir aultre chouse de plus joly que tu aurois dû lairrer à la maison de paour qu'on ne te le robbe! Da! habille-toi, et viens avecques nous, car avons à te parler de la part de monseigneur Serreau.

Lors toute tremblante et penaude, vecy nostre petite bergère qui sort de l'eau en grand embarras, en l'accoustrement de nostre bonne aïeule madame Eve, et rouge comme coquelicot s'en fust reprendre sa chemise et son cotillon.

— Hé! comment te nomme-t-on, petite moutonnière? reprint le plus vieulx qui avoit le nez rouge comme barrette de cardinal.

— Catherine, respondit-elle dolcement, et je suis la fille de Langevin le potier que les huguenots ont tué.

— Vere, continua Boniface en riant dedans sa barbe comme un bon braguard qu'il estoit, suis-nous doncques. Ce est deffendu par Dieu et par nostre Saincte Mère Ecclise apostolicque de soy ainsy baigner nüe comme ver dedans l'eau qui court, et il te va falloir venir les deux genoils en terre et la teste basse demander pardon à nostre prieur.

Lors nos deux moynes ayant reprins leurs sacs pleins de jambons et leurs gros bastons s'en furent avecques la fille qui plouroit doucement au moustier des capucins.

— Ah! ah! disoient les gens sur le chemin, où allez-vous messires, avecques ceste petite garce de Catherine?

— A-t-elle déjà l'âme si noire que capucins la doivent blanchir?

— Auroit-elle oublié la fasson de trousser ses côttes, ou perdeu son jarretier dans le jardin du couvent? — Et aultres bourdes qui faisoient esclaffer bellement les deux religieux à la grande confusion et honte de la paouvrette.

Cependant ayant rencontré moult laboureux et vachères qui s'en retournoient chez eux, arrivèrent au moustier, et incontinent allèrent trouver le prieur lui contant la belle pêche que ils venoient de faire dans le ruisseau de l'Envigne.

Le révérend prieur s'estant lors assis dedans sa chaire, et nettoyé le promontoire nazal à l'ayde de son mouschenez, toussa trois, quatre foys et une petite et prenant sa plus deure voix :

— Da, fist-il, ne avez-vous doncques pas honte petite héréticque de vous montrer ainsy nüe aux passants? A ceste heure icy devriez ja estre dedans l'enfer ou sur la route, rouge et rostie comme canneton en broche; ne sçavez-vous pas que vous avez faict plourer les beaux yeux de madame la Vierge, en vous deffeublant ainsy à la vue de chacqun, car ce est pesché mortel et avant que le soleil ne soit couchié vous allez estre dapnée pour l'éternité et condamnée à périgriner pour toujours en enfer si ne vous repentez comme debvez.

Mais, la véant plourer comme un lézard du Nil qui a perdu sa mère, en allant se confesser, il adjouxta plus dolcement :

— Depuis les pieds jusqu'au chief le Seigneur Dieu est vestu de misérichorde; il est coëffé d'indulgence et chaussé de mercys. Seurement doucques il te pardonnera, si tu veux bellement faire pénitence;

assieds toi dessus ceste escabelle et attends nostre benoiste décision.

Lors, il appela son nepveu, jeune eschollier que

messire de la Pillardière tenoit en grande amitié.
Combien qu'il étudiast les sciences théologiques, et
qu'il eust du matin au soir le nez emmy les pouldres
de parchemins et les parchemins en pouldre, avoit-il
le visaige effronté de paige de bonne maison et l'œil
scarbillat d'un oisel qui ne vendroit poinct son droict
de braguette pour un plat de lentilles fust-il d'or
enguarni d'émeraugdes.

— Guillaume, mon amy, dist le moyne, va-t-en
quérir mon bon voisin à qui je veulx confier ceste
petite maulvoise garce, afin que dessoubs ses soins
et exemples elle s'amende de son péché.

— Vere, fist Guillaume en soubriant comme un
chat qui sçait où gist le lait, si messer de la Pillardière se veut occuper de ceste icy, vistement serat-elle mise en poinct et boutée en dévotion par
moyen idoine à lui chasser le dyable du corps, car il
est bon exorciseur de femmes et de filles; ayant
apprins que depuis toute éternité, il suffit de boucher
le pertuis par où le malin esperit est entré pour qu'il
s'en aille par une aultre porte.

— Broum! quheum! kraach! toussa le moyne, que
veulx-tu dire par là mon beau filz? Je cuyde bien que
si ainsy tu continues à discourir par parabolles et
circumvolutions, tes aureilles s'allongeront tant et si
bellement que tu en pourras faire ta barrette! Les
jambes au col, villain damoiselin! Allons tost, prends
tes genoils à ta teste et te dépêche!

Pensez bien mes belles et gorgiases dames, en qui
Dieu et madame la Vierge ont bouté toutes perfec-

tions, et vous dolces damoiselles si belles que les haultelissiers tisseront vos visaiges en l'estoffe impérissable, — pensez bien qu'aussitost qu'il vist arriver Guillaume se hasta d'accourir nostre vieulx gentilhomme comme si le feu avoit été aux quatre coins du couvent et à la robbe du frère jambonnier, sçachant que ce est grand pesché et déplaisance à tous les saincts que de retarder la guérison d'une garce, fust-elle laveuse de vaisselle ou gardeuse de pourcelets.

— Ah! cria le moyne dès qu'il le vist venir, ah! vous venez bien monseigneur, car le frère Boniface, cestuy qui aime tant l'anguille, a treuvé en revenant de quester la petite poulaille que vecy laquelle se baignoit toute nue comme ver de terre en le ruisselet de l'Envigne; je ay pensé que vous seul qui tant avez glené d'expérience et sapience en lointains païs, pourriez lui monstrer à se mieulx conduire, pour la plaisance de Dieu; adoncques si la voulez pour vostre meschine, vous estes à présent son maistre... je cuyde bien que elle ne a jamais esté encore au pèlerinage de Sainct-Greluchon où filles ont coustume de battre leur prime homelaicte...

— Ah! ah! ah! ouâ! ouâ! oua! oh! oh! ce est fort bien! ouâ! ouâ! dist messire Jacques en caressant son poil mentonnier, et ne a-t-elle poinct de parents?

— Oh! non monseigneur, respondit la fille, les mauldicts de la religion ont occis mon pauvre père. Ce estoit Langevin le pottier, peut-être l'avez-vous cogneu, le paouvre homme?...

— Ouâ! ouâ! ouâ! je l'ai cogneu! le paouvre homme! Langevin le pottier, ouâ! ouâ! et que sçais-tu faire ma petiote?

— Je sçais bien coudre et bien filer, et mener les brebis aux prez...
— Bon, reprint monsieur Jacques! cecy est de mon goust; ceste là qui garde les moutons doit sçavoir

filer leur laine et la coudre ! et si je te prends à mes gages sçauras-tu te conduire vertueusement et te repentir ?

— Oh ! oui monseigneur, fist la petite en rougissant comme cerise.

Adoncques le prieur ayant recommandé à la demoiselle de faire en tout selon la volonté de son maistre si elle vouloit estre pardonnée de Dieu, le seigneur et la petiote quittèrent le moustier non sans avoir beu quelques goubelets de vin chinonnois pour soy rafraischir.

Quoique messire de la Pillardière fust grandement escorniflé par l'aage, et les batailles guerriers, point ne dédaignoit le rosti ; aussi dès le soir même, comme en juin nuits sont fraisches presque autant qu'en hyver, tant et si bien que parfois le gel se met aux fleurs, fist-il à ce qu'on m'a conté coucher Catherine en ses linceulx afin de lui tenir les pieds et genoils en bonne chaleur idoyne à chasser rhumatismes maulvois qui tumbent drus comme gresles sur les vieulx capitaines.

Cependant maulgré les espices dont il avoit parsemé son disner, et maulgré sa bonne volonté, laissa-t-il reposer en paix le pucelaige de la fille, car ce estoit un oiselet assez saulvaige, et qui soy cachait à la fasson des roitelets et troglodytes.

Et se véant là ainsy que chien sans dents devant un gigot ou comme cigogne devant escuellée de brouet, se ramentevoit-il ses joyes passées, bien passées, hélas ! — défuntes, et ensevelies, et estoit-il en grande mélencholie.

Or il y avoit jà une septmaine ou deux qu'ainsy vivoit le gentilhomme en compagnie de Guillaume qui chaque vesprée pour lui chasser l'ennui du chief, venoit lui lire bonnes et réjouissantes histoires, entre aultres, l'*Adventure mirifique de trois Chastellerauldois dans Paris*. Bellement il s'esclaffoit, oyant ces récits estomirants, et ses yeux brilloient fort quand il entendoit parler de l'*Hostellerie de la Belle Poule* où tant il avoit escorniflé de corsaiges, et du *Cabaret du Chat Noir*, où il avoit vuydé tant de piots avecques messire Barbier le vaillant capitaine. Et souventes foys à cause de son aage et de la chaleur des vesprées, venoit-il à s'endormir le nez au ventre en son grand fauteuil si jolliment que cent décharges d'escoulpettes ne l'auroient point faict broncher. Sans doubte il resvoit jeune estre redeveneu; or chacqun sçait que lorsque tels resveries se pourmènent en testes blanches, testes blanches n'aiment poinct se resveigler.

Et comme bien vous pensez ceci ne estoit point à la déplaisance de nostre grimauld, car pendant ce temps mettant en oubliance les bons conseils de monsieur son oncle, gentement escharbottoit-il les cottes de la petite meschine, lui contant emprès de l'aureille mille farces joyeulses et compliments si plaisants que ses trente-deux dents blanches comme perles en estoient toutes en feste de rire.

Et si bien estoient-ils d'accointance que lorsque par azar le seigneur ouvroit l'œil, vistement ils se disputoient comme chats devant la mesme escuelle, faisant mine de s'escornifler comme si eussent été fort ennemis. De quoy se réjouissoit fort le vieil gentilhomme, et se frottoit les mains content de voir que l'eschollier ne songeoit aulcunement à enseigner à cette petite gélinette comment pucelaiges prennent leur volée. Mais cuydant ces choses grandement voyageoit-il dans l'erreur, ainsi que souventesfoys le font les vieillards, lesquels soulent ne point sentir la feumé afin de ne poinct voir le feu, — et par ce que lirez en aval, verrez comme il fust gaillardement truphé.

*
* *

Escoutez bien mes agnelets, aussi vous petites oiselles mangeuses de graines défendues! et puissiez-vous de cette histoire, tirer bon enseignement pour entretenir vos amours aux dépens des vieulx boulgres qui veulent jecter bastons en vostre chemin.

Adoncques, il advint qu'une nuict que le sommeil l'avoit lairré, messire de la Pillardière, cuydant son ardeur d'antan lui estre reveneue voulut causer avecques Catherine de la fasson dont il jouxtoit jadis avec les dames qu'il avoit cogneues.

Or pensez s'il fust bien quinaud surprins et estommi, lorsque se tournant et retournant en ses linceulx, jectant ses bras de tous costés autant à senestre qu'à droite, il vist que la petiote ne estoit plus à son costé.

— Par la pantophle du Pape, grogna-t-il, ce est plus fort que de jouer à l'esteuf avecques teste de

mort ! Où doncques se est mussée ceste petite moutonnière d'enfer ; seroit-elle tumbée, ou bien le dyable l'auroit-il jà emmenée en son royaulme d'oultre tumbe ?

Mais comme il parloit ainsy dans la nuict, entendist soubdainement dans un petit reduict qui estoit prouche de sa chambre, grand bruict et remue-ménaige, comme si toute l'avant-garde de messer Satanas se estoit esbattue par là ! Cuydant que ce estoient ribleurs ou voleurs de campagne qui pilloient son logis print son espée, et s'en vint à pas de loup à la porte escouter.

Mais bien tost vist-il que ce ne estoient point ruffians ni voleurs, car entendist la voix de Catherine qui disoit :

— Oh ! oh ! Guillaume mon amy ! mon amy Guillaume ! oh ! oh ! m'amy, mon mignot ! oh ! oh ! si messire Jacques ainsi nous véoit accorder nos flustes ! oh ! oh ! Guillaume mon amy, que penseroit-il ?

A quoy respondoit Guillaume :

— Si nous véoit, recognoitroit si je suis bon chevalier, m'amie ! et verroit que je sçais mieulx que lui dénicher les pucelaiges. Et ce disant s'embrassoient bellement et dolcement se trémoussoient nos deux amoureux.

Pensez, mesdames, qu'en oyant telles parolles messire Jacques pensa qu'il estoit fol deveneu ou qu'il estoit estripé. Pourtant maulgré sa surprinse entra-t-il ainsy que soubdards en un bourdeau, et levant son espée cria :

Ah! ah! je vous tiens, bestes malfaisantes! coquins du dyable! villains oiseaux de malheur! ah! ah! je vous tiens! dà faictes tost votre prière, car vais incontinent vous tuer et vous écraser comme mousches!

Par la fenestre la lune blanche éclairoit la fille nue qui resplendissoit ainsy que marbre anticque, monstrant sa taille moelleuse et ses testons frémissants, tandis que le clerc se estoit mussé en un coing à demy mort de paour dessoubs un ridel.

Pourtant lorsqu'il vit le vieil gentilhomme se jecter sur Catherine, il sentit le courage lui rentrer au cœur, et prenant son escabelle il la jecta à la teste du paouvre homme qui tumba ainsy qu'un roy d'échecs, le nez contre la terre.

Lors se jecta sur lui Guillaume qui ne avoit encore perdu toute sa teste :

— Viste, Catherine! dist-il, viste ayde-moi à l'attacher et à lui clore le bec, et comme si après ce travail eussent dû gaigner mille ans d'indulgence, légièrement se prinrent à ficeler messire Jacques ainsi que les saulcisses de Richelieu qui sont si bons esperons pour la soif.

Lorsqu'il fust bien empesché, Guillaume se estant approuché de lui, le salua jusques à terre et lui dist :

— Combien que en ayons grand estrif et chagrin, et maulgré que nostre cœur se dessire; encore que nos yeux soient pleins de larmes, allons vous quitter, messire, car le service du roy nous appelle ailleurs ainsy que le service de Dieu ! De tous vos peschés je vous absoluz ! Au nom de mon sainct patron Guillaume de Tyr qui escrivoit l'histoire de la croisade, je vous bénis ! Que tous les saincts du Paradiz laissent tumber sur vous leurs bienfaits ! Vivez vieulx comme Mathusalem, beuvez frais, et ne faictes point de mal aux escholiers. Le Seigneur vous guardera à sa dextre bonne place en son Paradiz pour la charité que vous me faictes en me baillant vos sacs d'escus et d'angelots ! Grâce à vous je vais devenir homme d'armes ! que la volonté de Dieu soit faicte. Bonsoir ; ne manquez poinct baiser pour moy la pantophle de mon oncle le prieur.

Ayant ainsy parlé se retira le gentil escholier. Lors ayant prins le cheval de bataille du vieulx sire, il bailla à sa mie une mulle qui estoit en l'écurie, et tous deux bien enchargiés d'escus s'en furent au clair de la lune.

Avecques l'argent du vieulx paillard maistre Guillaume Lolivet achapta prouche Loudun une terre, et vécut heureux en compagnie de Catherine dont il eut belle et nombreuse lignée.

Quant au seigneur de la Pillardière, il entra en si grande raige de cette farce diabolicque qu'il cessa tout commerce avec les moynes et se fist huguenot.

De cecy faut-il comme de toute histoire prendre la moralité ? Ceste-là est que les noix vertes ne sont poinct faites pour les vieils cinges édentés, et que les vieulx boulgres doivent plus tôt songer au salut de leur âme, qu'à tourmenter les petites boulgresses.

Là dessus, gentes dames et souefves pucellettes, je vous baise les mains, et vous souhaicte la bonne nuict sans sommeil. Amen !

XV

LA PITEUSE FASSON
DONT UN CURÉ QUI AVOIT NOM LOŸS PORTELANCE
ROMPIT LA LANCE QU'IL PORTOIT
EN VOULANT BAILLER LES INNOCENTS A UNE DAME

A tous mes amys et compaings, ciseleurs de rondels, adorneurs de chroniques, scripteurs de ballades, ymaigiers, peintres, enlumineurs et maistres chansonniers, à tous ceulx qui m'ont leur ayde prestée pour le tant rude combat des arts et des lettres — pour la glorification de Montmartre et du Chat Noir, je baille ce darnier-né du premier libvre de mes contes !

Et je vuyde à leur santé un goubelet de vin chinonnois, en pryant Dieu de me pardonner s'il m'arrivoit d'en bouter quelqu'un en oubliance.

Montjoye ! Montmartre !

A Aurélien Scholl — Charles Cros — Henri Rivière — Alphonse Allais — Jules Jouy — Willette — George Auriol — Victor Meusy — M. Mac-Nab — Albert Tinchant — Georges Fragerolle — Grasset — Henry Somm — Henri Pille — Baron Barbier — Fernand Fau — Steinlen — Puvis de Chavannes — L. Halévy — Pierre Delcourt — Robida — Sapeck — Gaston Sénéchal — Goris — L. Dauphin — L.-O. Merson — J. Chéret — Jeanniot — E. Zola. — Paul Alexis. — J.-R. Huysmans. — Fernand Xau —

Caran d'Ache — Emile Goudeau — Théodore de Banville — Armand Masson — Citoyenne Séverine — Maurice Rollinat — Ed. Deschaumes — Thérésa — Sutter-Laumann — Mermeix — Ed. Norès — Paul Arène — Ernest Laumann — Georges Grison — P. Desmazes — Guillaume Livet — H. Chabrillat — Dick de Lonlay — Galli — Gaston Calmette — F. Champsaur — Ogier d'Ivry — Narcisse Lebeau — L. Bombled — Camille de Sainte-Croix — Doës — G. Rochegrosse — Gorguet — Xanroff — Godefroy — Maurice Montégut — Perret Pr Gl — Charles Gillot — Ch. Blot — R. Ponchon — Baron de Vaux — John Lewis Brown — Jules Lermina — P. Lordon — Baron Haussmann — Ch. Desteuque — Capuse — Richard O'Monroy — Montjoyeux — H. de Lapommeraye — Poirel — Sallinger — Octave Lebesgue — Lunel — Ch. Buet — Edmond Lepelletier — Ch. de Sivry — Paul Verlaine — Villiers de l'Isle Adam — Cl Gervais — Cl Aubry — Dr Desprez — Camescasse — Noël Salis — Gustave Rivet — E. Arène — Clovis Hugues — Charles Cousin — Stéphane Mallarmé — P. Pharaon — L. Dauphin — P. Marius — Renouard — Florian — Renoir — Gérardin — Grandmange — L. Dewez — Chincholle — Amédée Thiboust — P. de Scellier — Léon Delarue — Tolbecque — Henri Jouard — Léon Cladel — F. Icres — Georges Lorin — Samain Louis Denize — Claude Monet — Louis Montégut — Forain. — Heidbrinck — Charles Virmaitre — Maurice Jsabey — Ledrain — Bourbier — Gaston Jollivet — Albert Delpit. — Jean-Léon Gérome — Jehan Soudan — Louis Morin — Em. Chabrié — Pierre René Hirsch — Augusta Holmès — Lecomte de Lisle — Maurice Talmeyr — Armand Silvestre.

XV

La piteuse fasson
dont un curé qui avoit nom Loÿs Portelance
rompit la lance qu'il portoit,
en voulant bailler les Innocents à une dame.

Au joly temps où fraischement esclous du gippon de madame nostre mère, j'estois petit eschollier, meschant aux libvres, et maulvois aux lettres dessoubs la dure et félonne férulle de maistre Papillault lequel moult plein de sapience, grand sçavant et escornifleur de cocquecigrues, ainsi qu'il est apertement démonstré, inventa et treuva la vraye table multiplicatifve de messire Pythagore qui découvrit qu'après la mort, sommes mués en bestes, puis en d'aultres bestes retournons à la phantaisie du Créateur, — souventesfoys soulois m'en aller au lieu d'estudier, faire le renard, qui est vagabonder emmy prez et vallons, courrir après parpaillons et oisels, plutost que s'endoctriner l'esperit.

Adoncques estions trois ou quatre meschants turlupins de ma sorte qui courions ensemble les adventures de l'escolle buissonnière et rendions debvoir au vieil Homère le long de la rivière de Vienne. Quand bien avions couru par champs toute la vesprée, deschiré nos haults-de-chausses après toutes les haies, espines et ronces d'alentour, et maraudé dans tous les vergers et jardins du voisinaige, desvallions légièrement devant une petite auberge que sçavions laquelle estoit à l'enseigne de la *Pie Boëteuse* et où beuvions frais pource que le vin y estoit meilleur qu'en la ville. Et toujours ce estoit à crédit, car estions moins enchargiés de deniers que les plus pouilleux parmi les locqueteux du chemin et en nous fouillant, Pichon, Gallois et moi n'eust-on poinct treuvé en nos poches de quoi seulement parfaire un demy blanc. Ains l'hostesse nous servoit cependant dessus nostre bel œil, pource que messeigneurs nos pères estoient bien cogneus pour bons beuveurs, et rondes escarcelles. Ce qui preuve encore que mieulx faut-il au munde advenir après son père qu'avant, comme dist le prouverbe.

Huy, que me vecy vieil devenu, car ay trente ans bellement carillonnés et recarillonnés — carillonneras-tu? — aime encore avecques mélencholie me ramentevoir ceste vieille salle enfeumée où pendoient saulcisses, jambonnailles roses comme fesses d'enfançons, bottes d'oignons rondes comme braguettes de seigneurs, andoilles jaunes comme cuir cordouan, lesquels emprès la cheminée se balançoient par dessus nos testes et nous venoient chatouiller les narines et bouter l'eau en la bouche.

Aussy vois-je encore les vieils murs lézardés tout esjouis et enluminés par les plaisantes imaiges veneues de la bonne ville d'Epinal, lesquelles nous faisoient rigoller grandement, car ce estoient l'histoyre du Juif errant qui beuvoit un piot dans la province de Brabant, puis celle du paouvre Abaillard

qui fust piteusement chastré pour l'amour de sa mie ainsy qu'un maulvois varlet de Mahom, combien qu'il fust parmy les meilleurs christians du royaulme.

Aussy garde dolce souvenance de la grande cheminée dessoubs le chaud mantel de laquelle soulions nous abryter, et où chantoient marmites et cocquemarts entre deux grands landiers de fer ouvré qui montoient la garde pour que poinct ne derobast on les gélines qui roustissoient.

Au coin de l'astre y avoit toujours un vieil, très-vieil cheneu, descrepit et ridé beuveur, au chief branlant, lequel avoit jadis esté homme de guerre, et pour ce nous contoit force belles et mirifiques hystoires du temps où il corroit par chemins et vals, dessus son grand cheval de bataille, le heaume au front, l'estoc au flanc, ayant au col son gorgerin, et le pied chaussé de fer en l'estrier. Mais où se sont mussées toutes ces belles années passées qui plus ne reviendront? Emmy le fin fond de l'Eternité sans doubte et m'est asseurance que ne les retreuverons mie.

Las! combien ay regret et doulour, n'estre plus en cestuy joly temps où poinct ne cognoissois les hypocrisies, menteries et maulvoisetés du monde, où rien ne craignois, fors maistre Papillault et sa discipline à nœuds et aussi parfoys les étrivières qui me bailloit pour me guerdonner de mes bonnes farces, monsieur mon père lequel estoit marchand, combien qu'il fust de haulte et vieille noblesse.

Car ainsy finons-nous qui avons eu bons aïeux, preux et grands gaigneurs de batailles, habiles jouxteurs, coureurs de tournois, et haults barons de Suisse, ainsi finons-nous car tout ici-bas n'est que feumée et billes vezées qu'emporte le vent.

Et plustot que porter espée, cuirasse et morion et courir la campagne avecques les vaillants chevaliers, me vecy à ceste heure icy, baillant à boire à mes bons compaings, scripteurs, poètes et faiseurs d'ymaiges, toutesfoys que la soif leur poinct. Encore que grâce à Dieu et à mou benoist patron ne doibs-je trop me plaindre et guaimenter, pour ce que d'aultres sont plus escorniflés par Destin, tesmoings cil qui

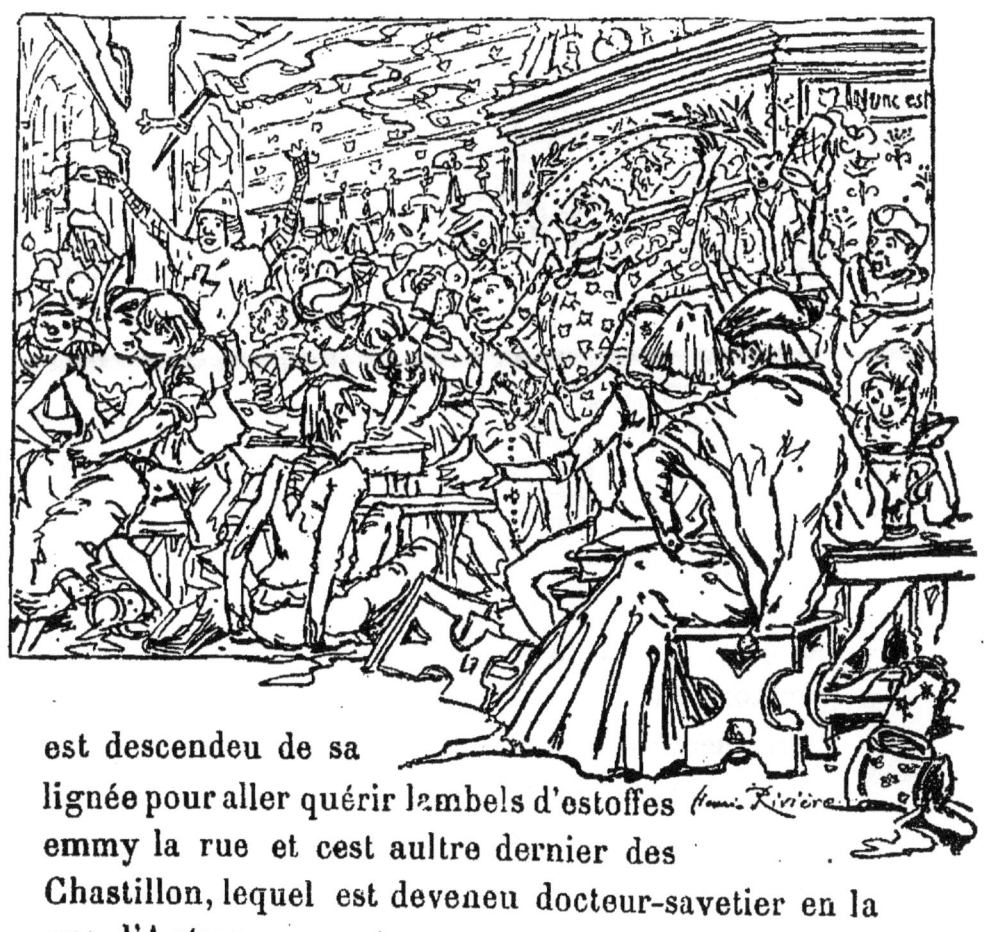

est descendeu de sa lignée pour aller quérir lambels d'estoffes emmy la rue et cest aultre dernier des Chastillon, lequel est deveneu docteur-savetier en la rue d'Autran.

Ains, retournons à nos agnels, ainsy que disoit nostre bon maistre Panurge, et poinct ne perdons nostre temps à plourer pource que larmes sont amères tandis que ris ne sont que sucres et espices.

Adoncques ce dessusdict vieil soudard secouant la teste nous parloit sans dents, car les avoit-il toutes cassées à mordre les pommes du voisin — ce qui est une fasson de dire que bien entendez, — et nous racontoit galantement comment il avoit cocufié en sa joyeulse existence moult bons bourgeois d'entre les

plus notables et truphé autant de pucelles qu'on tenoit des plus confites en vertu, et que le munde cuydoit estre aussy inexpugnables d'où vous sçavez que messer Achille l'estoit, fors à l'endroict du talon dont il mourut malencontreusement.

Si que, cestuy bonhomme de guerre boutoit en nostre esperit de cocquebins grands dézirs de vitement gouster à la chair vifve et de ce fus-je deniaisé plustost que n'est coustume, par une accorte et faictisse meschine, rousse de poil, laquelle estoit pour lors au service de ma mère.

Un jour — *quadam die* — comme disoit nostre illustre Papillault que je garde en grande révérence au plus profund de mon cœur; un jour doncques, que la pluye tomboit comme si démons l'eussent jectée par cocquemarts sur le chief des paouvres mortels, pour gaster barettes, coiphes et chapels, entrasmes à l'aubergerie, dont ai parlé icy-dessus, et ayant prins place auprès du vieulx qui avoit nom Guillaume Malbatte, il nous dit une bonne et estommirante hystoire adveneue au temps où le roy Charles IX qui fist le grand navrement de la Sainct Barthélemy, estoit encore dessus l'escabel de France.

En le païs de Naintré qui est l'un des plus jolis bourgs que scaiche en le royaulme, jà longtemps y avoit pour messes despescher, chanter les vespres et mener les brebis ès-paradiz un grand braguard de curé qui se nommoit Loÿs Portelance pource que ses aïeux avoient moult guerroyé en païs infidelles. Ce estoit un de ces prebstres qui font bonne chère de toutes les cailles coëffées qu'ils treuvent en leur route. Mieulx il aimoit confesser les filles que les vieilles et à lire son breviaire, ce qu'onc ne faisoit guères qu'en dormant; il préféroit forclorre un demi-douzain de pucelaiges.

Et il avoit belle besoigne, car en ceste contrée-là femmes y sont elles chauldes comme espaignolles et ne songent-elles à rien qu'à faire l'amour, qui est le plus joly jeu qu'on puisse mener, — ainsy que verrez plus tard mes petiots, adjouxta nostre bon vieil Guillaume en riant dans sa barbe blanche qu'il avoit pour le moins aussy longue que celle du brave Charlemaigne. Et ce religieux ne rencontroit difficulté d'aulcune sorte en ses exercices d'amour, car estoit-il en bonne réputation, et vouloit à ce qu'on asseuroit bailler justement à chacq'une sa provende.

Cependant une dame fermière dont le logis estoit

emprès des Barres n'avoit onc voulu se rendre à ses dézirs et prières, maulgré moult artifices et finesses dont il avoit usé à son encontre.

Advint pourtant qu'un jour du mois de may — *quadam die* — alors que flours songeoient à se desclore dessoubs le soleil, messire Portelance qui se pourmenoit emmy les prez, vit venir devers lui celle que tant ardemment il avoit pourchassée.

Vitement monsieur le curé de s'approcher, lui donnant force compliments et belles paroles, puis lui baillant autant de reprouches de ce qu'elle tenoit en si grand dedain :

— Ah ! vous vecy doncques, meschante qui jectez douleur et désespérance en le cœur de vostre paouvre pasteur ? Sçavez-vous bien qu'estes la seule qui lui fassiez un si grand mal ?

Estes-vous donc jà en puissance du diable ? Las ! quel vous a baillé conseil me traicter avec tant de malignité et félonie, et pourquoy refusez-vous venir un peu besoigner en ma compaignie ?

Puis adjouxta, en croisant ses mains dessus son ventre et pourmenant sa langue en ses babines comme moynes bons vivants ont coutume de faire :

— Si vous rendez à mon veuil et souhaict, vous bailleray une belle barrique de vin de Sainct-Georges avec l'escu le plus neuf de mon escarcelle.

Poinct n'ayez surprise et ne soyez estommis du grand prix qu'il mettoit pour avec elle jouxter, car elle estoit la plus gracieulse et jolie qu'on pût voir par là en ce temps dont je parle ; — les yeux tout noirs comme velours, le nez gentement troussé à la mode de Bretagne, la bouche petite; en plus sa camisolle lairroit voir ses testons durs et blanchets à faire tressauter les triples aiguillettes d'un vieil ermite, et par dessoubs sa cotte de cramoisine véoit-on deux mollets affriolants emprès desquels ceulx de la belle Marionnetté dont parle une vieille chanson de chez nous n'eussent esté que de la Sainct-Jehan, et qui perturboient grandement les esperits de monsieur le prebstre.

Ceste dicte paisanne avoit nom Agathe Denichère, parce que son homme s'appeloit Philippe Denichère, et que femmes en mon pays portent le même nom que leurs espoux; ne sçay s'il en est de mesme par chez vous. Lequel mary aimoit-elle moult; aussy les poursuites du curé l'ennuyant plus que je ne sçaurois le faire entendre, résolut-elle pour y donner fin, le trupher gentement afin d'en estre pour toujours débarrassée et vivre en paix à sa guise, sans importunité d'aulcune sorte.

Adoncques l'ayant bien lairré parler, la fermière baissant les yeux lui fist telle réponse:

— Monsieur, si vous envoyez ce soir la barrique que vous dictes, et me voulez bailler un escu, demain à ceste heure icy, vous attendrai dans le bois emprès la source de Sainct-Jehan, combien qu'il en couste fort à mon honneur et saigesse d'honneste femme. Mais, adjouxta-t-elle, jurez-moi incontinent dessus la vraye croix de Nostre Seigneur, que même pour vostre éternel salut et perpétuelle félicité, ne conterez à personne le jeu qu'allons jouer ensemble, car il m'en coûteroit la vie et à vous aussy ! Et maintenant vais je me départir, car si on nous véoit là, se doubteroit-on de quelque maulvoise chose, tant est meschant le munde qui court.

Lors s'en fust prestement, lairrant le curé plus

content que s'il eust eu nouvelle d'estre nommé evesque ou que s'il eust tenu en la main la propre mulle de nostre sainct père le Pape, laquelle est benoiste ainsi que nul n'ignore.

De retour en son logis, dame Agathe fit mander son mary par un sien varlet qui revenoit des champs, et tout en taillant la souppe, lui conta les dézirs de monsieur le curé, ainsi que ce qu'elle avoit décidé de faire pour le lendemain.

Pensez bien que le Denichère ne fut poinct surprins, car jà depuis longtemps avoit-il doubtance du bon vouloir de cestuy frocard en son endroict. Dont il ne sonnoit mot lairrant venir les chouses pour ce qu'il est maulvois les trop faire courir, et souventesfoys s'en mord-on le poulce et l'index.

— Vere! par sainct Pierre, sainct Jehan, sainct Luc et sainct Mathieu, fist-il, je vois bien, ma petiote, que tu m'aimes plus qu'aulcune garse d'alentour n'aime son gallant et que point n'ai tort d'avoir fiance en toy! Tu as grandement raison de vouloir expédier ce vilain de la belle manière, depuis si long temps qu'il passe ses loisirs à semer cocuaiges emmy le pays! Mais par ma fy! il apprendra demain à son advantaige que poinct ne suis de ceulx-là qui le deviennent aisément, et que ma teste n'est poinct faicte pour qu'il vienne jecter sa maulvoise semaille de cornification!

Puis tout joyeulx accola sa dame et la baisa à pleine bouche, et encore la rebaisa sans fasson aulcune; et incontinent lui auroit faict ce que tant lui désiroit faire le curé, si ses serviteurs n'estoient survenus.

Mais poinct ne soyez marries, mes bonnes et honnestes dames, et ne vous mélencholiez mes petites caillettes, car la nuict ne se passa poinct sans qu'ils ne réparassent ce contretemps, et le réparèrent oultrement, si que le lendemain pour prendre réconfort et se ragaillardir, beurent au lict un bon coup du vin que monsieur le curé avoit envoyé la veille par son sonneur à la nuict tombante.

Doncques, vers l'après-midy, Agathe s'estant bien entendue avecques son mary, s'en fust à la source, légièrement affeublée, l'œil scarbillat, et le souris aux dents, et treuva dans le bois nostre bon prebstre qui jà l'attendoit dessoubs l'ormeau, suant du poil et reniflant du poumon, pource qu'oncques n'avoit aussy fortement desiré fille, femme, voyre même

vefve, desquelles il estoit fort friand, pource que vefves sont pleines d'expérience et grandement ardentes à cause de la deure abstinence qu'elles ont menée en deuil de leurs espoux.

— Ah! ah! ma dolce amye, fist-il, si tost qu'il l'aperçut, avez-vous gousté mon vin, et l'avez vous treuvé bon? sur mon libvre d'heures vous jure avoir choisi le meilleur d'entre ceulx dont mon cellier est enguarny ! Car veulx-je par dessus toutes chouses vous contenter et vous esjouir, pource que vostre proumesse m'a rendu le plus heureux homme du munde, me baillant ce que plus j'estois en appétit d'avoir que les joies infinies du paradiz.

Lors la print par la taille, car estoit-il décidé à ne point perdre son temps aux baguenaudes de l'huys, comme disent bateleurs dessus le Pont-Neuf, et dolcement sa main prenoit le chemin de ce petit retraict où marys ont coutume de loger leur honneur, ne sçay trop pourquoy, car nulle part ailleurs, ne sçauroit-il estre plus en dangier de se perdre.

Mais poinct ne vouloit la rusée commère, car son mary n'estoit poinct encore près de venir pour quinaulder le prebstre comme ils estoient convenus. Aussy se défendoit-elle gaillardement de l'ungle et de la dent comme gélinette qui poinct ne s'est encore encoquinée, disant :

— Vere, il faut attendre un petit, mon amy, car je suis grandement lasse d'avoir couru parmy les betteraves pour vous venir voir ; j'ai chaud, et si me veulx-je donner à vous, est-ce à mon ayse ; ainsy en sera-t-il mieulx pour tous deux, et le plaisir plus grand et delectable, car sçavez bien, comme souppe hastée est maulvoise.

— Eh ! dist messire Portelance, si avez treuvé mon vin bon ma mignotte, vous guarde aultre chouse de bien meilleur ! et clignoit-il de l'œil senestre avecques malice et paillardise.

— Ah ! tant mieulx, dist la dame, aurai grande

joye tantost quand je serai fraische, à batifoler avecques vous emmy flours nouvelles et gazons verds ; et ce disant le repoulsoit-elle avecques mignotizes.

Puis ayant prins le mantel du curé, lequel estoit de beau drap neuf, s'assit dessus fort gentement, lairrant voir ses jarretiers avecques un petit coin de cuysse blanche, dont le paouvre paillard arda plus fort encore, tant, qu'il souffloit comme un asthmatique.

Et aussy se deffeubla de sa coiffe et de son couvre-gorge, disant que la chaleur estoit si grande qu'elle en pensoit tomber mal!

— Ah! reprint-elle, véant que le compaignon estoit si fort emeu, mon mary est deveneu si brutal et meschant en ces temps darniers qu'il ne me mesnage ni reprouches ni querelles, et que j'en suis toute sens dessus dessoubs! Aussy nous faut-il prendre moult précautions, car si nous treuvoit là, je cuyde fort qu'il vous tueroit comme lapin, combien que vous soyez prebstre.

Et de cela, estoit en grande paour le paouvre curé.

Lors adjouxta la fermière :

— Et vostre escu, messire, l'avez-vous? Besoin m'en est pour achapter une robe neupfve.

— Oui, vraiment, dist Portelance, et tu l'auras après.

— Après! vendanges sont parachepvées! adieu paniers! Baillez-le moi doncques sur l'instant, et lairrez-là vostre soutane, car de vous voir en prebstre à mon costé, je crains fort qu'il ne m'advienne péché plus que mortel, dont me faudra griller toute l'éternité.

Bien cuydez-vous que messire Portelance ne fust poinct long à ce faire, car croyoit-il le moment veneu de bailler les Innocents à ceste commère qui tant le faisoit languir. Adoncques jectant sa soutane emmy les brousses, la vint accoler, cuydant le branchaige de maistre Denichère estre près de poincter.

Et la dame mauldissant son mary qui tardoit fort, de dire :

— Ah ! combien estes-vous brutal messire. Ne diroit-on pas moribond à qui l'on va bailler les sainctes huiles et qui n'a plus minute à vivre.

Lorsque soubdain emmy le bois silencieux se fist entendre une voix qui cryoit fort, et ce estoit-elle de nostre paysan comme bien vous pensez, laquelle disoit :

— Agathe ! Agathe ! par le ventre du tabellion où es-tu mussée ? Ah ! mauldite garse te sçaurai bien treuver !

— Oh ! doulx Seigneur Jésus ! fist la fermière, nous vecy perdus, car sûrement a-t-on prévenu mon mary.

Et combien que messire Portelance fust aussi bedonnant que femme engroissée, n'hésita poinct à se saulver et aussi prestement que chat se mit à grimper dessus un arbre.

Cependant parut Denichère en grande cholère et dépit :

— Oh! oh! je te tiens doncques gouge du diable, fist-il. Que fais-tu là, les testons au vent, et toute deschevelée, comme ribaulde emmy son bourdeau!

Puis advisant la soutane et le manteau, feignit entrer encore en plus grande ire :

— Ah! ah! fist-il, ce est doncques avec un prebstre que tu prends des esbats à ceste heure icy! Tu vas le

payer de ta vie! Et quant au gallant, que je le treuve! Il sçaura comment je guerdonne les encornifleurs, et combien je paye l'artizan pour ce joly travail!

Pensez bien que le curé ne se cuydoit point à la nopce, dessus sa branche, ainsy que corbel pourchassé et qu'il n'eust poinct rosté, pour son salut éternel.

— Par ma fy! dit Agathe, faisant semblant de plourer, et se mussant le visaige derrière son mouchenez, suis veneue icy pour moy reposer et ne sçais

pourquoy m'insultez. Eh! depuis quelle heure avez-vous le droict de me traicter ainsi que paillarde de maulvois lieux! Maulvois pandard! Meschant ruffian! Vous debvrois graphigner comme méritez; ne m'est-il plus permis m'asseoir un petit? N'ai-je poinct assez travaillé ceste nuict à presser l'huile, et me faut-il traîner à deux genoils devant vous pour pouvoir dormir si m'en vient l'idée? Oh! je vouldrois mort me venir prendre, car je suis traictée comme serve moi qui suis fille de paysans francs-d'alleu. Eh! meschant ivrogne! Est-ce que je sçais que sont ceste soutane et ce manteau? Sans doubte est-ce de quelque paouvre prebstre que les Huguenots ont navré, et poinct n'y vouldrois-je toucher pour rien au monde!

— Bon ! bon ! doulx, dict Denichère, pardonne moy doncques ma paouvre femme ; ay esté trop prompt à te vitupérer pour ce que cholère m'esgaroit. Plus ne ploure, car me vais occire sur l'instant si ne me bail-les ton pardon.

Et ce disant levoit son couteau devers sa poitrine.

Eh ! qui vous dist cecy, meschant garçon ? reprint la dame. Allons, viens çà me baiser et jectons l'oubliance dessus cette adventure comme cendres sur fiente de chat !

Et fust emmy l'herbe fraische, la paix faicte, refaicte, parfaicte et ultraparachevée de la fasson qu'entendez bien sans que plus grandement je m'explique — dessoubs l'œil marry du paouvre Portelance qui se morfondoit en sa désespérance.

Puis quand se furent bien accolés et baisés, prinrent la soutane et le mantel du curé afin que poinct on ne les accusast d'avoir tué quelqu'un.

Et tout desconfist le sieur Loÿs de Portelance les regarda partir avecques ses hardes, tout joyeulx de l'avoir si finement truphé, en chantant la vieille chanson des Questeux qui court Anjou, Berri, Bretagne et Poictou :

> Si voulez rien donner,
> Donnez-nous la servante,
> Le porteur du panier,
> Est tout prest à la prendre !
> N'a pas d'amye, en vouldroit bien pourtant
> A l'arrivée du doulx printemps !

Et ayant ainsi parlé, puis rosté et peté à ventre de

belle humeur, le vieil routier s'endormit dessus son escabel, nous lairrant la cervelle pleine de dézirs et grandement curieux de cognoistre le premi libvre de la jolie science d'amour.

TABLE DES MATIÈRES

Préface de Philippe Gille I

Conte-Prologue 1

I. Ou il est parlé du seul vrai miracle idoine a guarir le mauldict mal de stérilité et du bon sainct Greluchon qui l'inventa. 11

II. Histoire d'un gentil prebstre poictevin qui prist le cœur d'une barbière maulgré le capitaine qui estoit dedans. 37

III. Ou il est joyeulsement démonstré que les vieulx cinges n'apprennent poinct aux jeunes mercières la fasson de coudre les trupheries avecques du fil blanc. 53

IV. La plaisante farce que fist a l'encontre d'un paysant d'Ingrandes, messire Philippe de Gastebourse, gentilhomme ruffian, grand maistre es ribaulderies en la bonne ville de Chastellerault 77

V. L'estomirante histoire d'un gentil clerc poictevin, qui fust l'oncle de sa mye sans le sçavoir. . . . 89

VI. La jolie farce que joua messer Satanas a un meschant moyne, pour servir un sien escholier, lequel avoit perdu son latin en chantant vespres et ses pastenostres en songeant a la couleur des pucelaiges. 115

VII. D'un vieil gentilhomme qui fut jolliment truphé par trois guallants tailleurs d'ymaiges. 125

VIII. Où il est galantement devisé au subject du plus heureux des trois pour mieulx à chacqun ramentevoir les viels proupos et joyeulx prouverbes de France.	139
IX. Où il est parlé du dangier de blasphémer Dieu la nuict des nopces et du deuil qui de ce advient aux espoux quand ils sont vieils	149
X. Le joly tour qu'inventa une chauldronnière pour trupher un vieil gabelleur et entretenir ses amours ayecques un gentil damoiseau.	171
XI. D'un gentil tabourineur qui fist le démon pour trupher un cabaretier et de la jolie fasson dont il print le cœur de sa dame au nom du dyable	193
XII. Comment fust parachevée l'ecclise Saint-Pierre de Poictiers.	213
XIII. Pierre de la Brelandière	235
XIV. La dévotion de Jacques de la Pillardière	255
XV. La piteuse fasson dont un curé qui avoit nom Loÿs Portelance rompit la lance qu'il portoit en voulant bailler les innocents à une dame.	281

www.ingramcontent.com/pod-product-compliance
Lightning Source LLC
Chambersburg PA
CBHW071505160426
43196CB00010B/1422